KB069707

학대받은 아동 · 청소년을 위한
인지행동치료

김성준 · 김은정 공저

학지사

머리말

인지행동치료는 오늘날 심리치료의 실제와 이론에 중요하고 실질적 영향을 미쳤습니다. 또한 인지행동치료는 구체적인 활동들을 중심으로 치료 작업이 이루어지고, 비교적 단기간에 실시할 수 있으며, 치료 효과에 대한 경험적 연구를 바탕으로 하기 때문에 근거기반 치료를 강조하는 최근의 심리치료 추세와 잘 맞는 등 여러 가지 장점을 가지고 있습니다. 특히 학대받은 아동에 대한 인지행동치료는 학대받은 아동의 치료 중 가장 효과적인 치료로 검증된 것입니다. 또한 외상 기억을 처리하는 데 있어 핵심이 되는 노출 치료를 중심으로 한다는 점에서 효과적인 치료 방법입니다.

물론 외상에 대한 노출 치료가 인지행동치료만의 전유물은 아닙니다. 다만 반복적인 경험적 연구를 통해 학대받은 아동에게 가장 적합하고 효과적인 노출 치료의 구체적인 형태와 과정을 만들어 낸 것은 다른 치료 방법에 빚지지 않은 인지행동치료만의 장점으로 볼 수 있습니다.

이 책은 학대받은 아동에 대한 인지행동적 치료 방법에 대해 소개하고 있습니다. 학대받은 아동과의 상담은 치료자에게 특별한 부담감을 줍니다. 피해 아동이 겪은 고통스러운 학대가 치료자의 꿈속에서 악몽으로 변형되어 나타나기도 하고, 안전한 세상에 대한 치료자의 믿음이 흔들리면서 치료자가 불안을 경험하기도 합니다.

많은 압박감과 좌절감 속에서도, 학대받은 아동을 돕기 위해 매일 현장에서 노력하는 분들에게 이 책이 조그만 도움이라도 되길 기대합니다. 학대받는 아동을 위해 현장에서 일하는 치료자에게는 아동중심놀이치료, 정신분석치료, 게슈탈트치료, 놀이치료, 미술치료 등을 포함하여 이미 많은 도구가 있을 것이라고 생각합니다. 이 책에서 소개하는 인지행동치료 방법이 현장의 치료자들에게 소박하지만 쓸모 있는 도구로 활용되길 겸허히 희망합니다.

마지막으로 이 책이 나오기까지 많은 도움을 주신 학지사 김진환 사장님과 책을 편집해 주신 고은경, 백소현 선생님에게 감사드립니다.

2015년
저자 올림

이 책의 구성

이 책은 학대받은 아동·청소년을 치료하는 인지행동치료 방법에 대해 설명하고 있다. 특히 학대와 관련된 외상 후 스트레스 증상을 줄이기 위한 외상에 대한 점진적 노출 기법의 활용에 초점을 두고 있다. 학대받은 아동·청소년을 대상으로 일하는 심리학자, 정신과의사, 사회복지사, 간호사 등의 정신보건전문가는 이 책에서 소개하는 점진적 노출 치료를 활용할 수 있을 것이다.

이 책의 구성은 다음과 같다.

제1장에서는 아동학대의 정의와 아동학대가 피해 아동에게 끼치는 영향에 대해 살펴본다.

제2장에서는 학대받는 아동에 대한 심리평가 방법과 심리평가에 따른 결과를 치료 과정에서 어떻게 활용하면 좋을지에 대해 살펴본다. 이를 위해 학대 피해 아동의 인지·정서·심리 상태를 평가하는 다양한 측정 도구들(예: 자기보고식 질문지, 인지능력 측정 도구, 투사적 검사 도구)을 먼저 소개한다. 심리평가는 학대의 영향을 확인하는 데 도움이 될 뿐만 아니라 심리치료 과정에서도 요긴하게 사용될 수 있다. 이와 함께 피해 아동에 대한 초기 면담 시 주의할 점

들을 살펴본다.

제3장에서는 아동·청소년을 대상으로 실시되는 인지행동치료의 특징과 학대를 포함한 외상에 대한 인지행동적 치료 모델에 대해 소개한다. 아동과 청소년을 대상으로 실시되는 인지행동치료는 인지·정서·행동 사이의 관계, 협력적인 치료 동맹, 치료 효과에 대한 경험적인 평가, 왜곡된 인지에 대한 수정, 대처 기술의 향상을 통한 치료 효과의 지속과 같은 비교적 공통된 특징을 가지고 있다. 이 장에서는 인지행동치료가 가진 이러한 특징들이 학대 피해 아동과의 치료에서 어떤 영향을 끼치는지에 대해 설명한다. 이와 함께 학대 피해 아동이 가진 외상 경험을 다루기 위한 점진적 노출 치료에 대해 언급하고 있다.

제4장에서는 학대와 관련된 심리 교육에 대해 설명한다. 아동의 인권, 아동학대에 대한 정보 제공과 교육은 내담자로 하여금 학대의 발생 원인을 자기 탓으로 돌리는 것을 막고, 자신이 겪은 경험을 보다 객관적인 관점에서 바라보게 하는 데 도움이 된다. 또한 학대와 관련된 심리 교육 과정에서 내담자는 자신이 겪은 학대 경험에 대해 자연스럽게 표현할 기회를 가지게 된다.

제5장에서는 감정을 인식하고 표현하는 내담자의 능력을 확인하고 정서적 능력을 향상시킬 수 있도록 돕는 데 초점을 둔다. 아동학대와 같은 외상적 경험은 정서적 능력에 커다란 악영향을 끼친다. 지속적으로 학대가 이루어지는 환경을 견뎌 내기 위해 피해 아동은 감정 자체를 차단하거나 사건과 감정을 분리시킴으로써 감정을 느끼는 데 따르는 고통을 줄이려고 시도할 수 있다. 또한 성장 과정에서 내면의 감정에 대한 보호자의 반영과 공감을 충분히 받지 못한

결과 자신의 감정을 세분화하여 인식하고 수용하는 능력이 적절히 발달하지 못했을 수 있다. 정서적 능력의 부족은 치료 과정에서 학대 경험에 대한 깊이 있는 처리를 어렵게 만든다. 따라서 피해 아동의 정서적 능력을 확인하고 이를 향상시키는 작업은 학대 경험에 대한 인지행동적 치료 개입에 있어 매우 중요한 부분을 차지한다.

제6장에서는 정서적 대처 능력의 향상을 위해 사용할 수 있는 방법을 소개한다. 먼저 스트레스를 받았을 때 생기는 일반적인 신체적ㆍ정서적 반응에 대해 교육하고, 내담자로 하여금 스트레스 상황에서 자신에게 어떤 반응이 나타나는지 돌아보게 함으로써 스트레스에 대한 자기 감찰 능력을 향상할 수 있도록 돕는다. 이와 함께 분노감과 같은 충동적인 감정을 조절하는 사회적 기술에 대해 설명한다. 불안감이 촉발되는 상황에서 사용할 수 있는 긴장 이완 훈련을 소개하고 연습하는 시간을 가진다. 대처 능력의 향상은 내담자의 현실 적응에 도움이 될 뿐만 아니라 점진적 노출 과정에서 발생하는 심리적 스트레스와 충동적인 감정에 대처하는 데에도 도움이 될 수 있다.

제7장에서는 학대 경험에 대한 점진적 노출 치료에 대해 설명한다. 학대나 외상 사건을 겪은 내담자에 대한 심리 치료 과정에서 외상 기억을 재경험하고 통합하는 과정이 중요하다는 점은 많은 심리 치료사들이 공감하는 부분이다. 압도적인 불안감과 위협감을 유발하는 외상 사건의 특성상, 외상 기억은 인지적ㆍ정서적으로 충분히 처리되지 못하고 억압되거나 해리된 채 의식하기 어려운 마음의 영역 속에 자리 잡게 된다. 일상생활에서 외상 기억을 촉발하는 중립적 단서에 접하게 되었을 때 잊혔던 외상 기억은 갑자기 의식 속

으로 침투되어 당사자에게 심한 혼란감과 고통감을 안겨 준다. 이를 방어하기 위해 과잉 경계나 억압·해리와 같은 기제가 더욱 강화되고, 그 여파로 회피와 재경험이 교차되어 나타나는 상황이 만성적으로 지속되게 된다. 이러한 교착 상태에서 빠져 나오기 위해 외상 기억에 대한 충분한 처리 및 통합이 필요하나, 그러기 위해서는 회피하려고 했던 외상 기억에 직면하는 데 따른 부담감을 견뎌내야 한다. 부정적인 감정이나 정서적 고통을 감내할 수 있는 능력이 부족한 아동·청소년에게 학대 기억에 대한 노출 작업은 더욱 큰 난제가 될 수 있다. 따라서 학대를 받은 아동·청소년을 대상으로 노출 치료를 실시할 경우 내담자가 감당해 낼 수 있는 정도를 고려하여 조금씩 진행해 나가는 것이 효과적일 수 있다. 이 장에서는 점진적 노출을 실시하는 데 있어 고려해야 할 사항과 점진적 노출의 위계 설정, 점진적 노출 과정에서 활용할 수 있는 다양한 방법을 소개한다.

제8장에서는 학대 경험과 관련하여 내담자가 가지고 있는 부적응적인 사고와 감정을 처리하는 방법에 대해 소개한다. 학대로 인해 생겨난 감정과 생각은 학대 환경에서 벗어난 이후에도 피해 아동의 대인 관계나 사회 적응에 영향을 줄 수 있다. 그래서 이에 대한 인지적·정서적 처리는 매우 중요하다.

장기간 지속되는 학대 상황은 여러 가지 후유증을 남긴다. 학대의 발생 원인을 자기 탓으로 돌리거나, 더 이상 다른 사람은 믿을 수 없다고 생각하고서 마음을 닫거나, 남들과 구별되는 부정적인 낙인이 자신에게 찍혔다고 생각하며 수치심을 느끼는 등 학대의 영향은 다양하게 나타날 수 있다. 이러한 후유증 중 일부는 학대 환경에 적응하기 위한 노력 과정에서 생겨났을 수 있다. 예를 들어, 자기가 잘못했기 때문에 부모가 자신을 학대한다는 자책감 이면에는 역설적이게도 자신이 좀 더 잘하면 부모의 학대가 중단되고 사랑받을 수 있으리라는 희망이 담겨 있을 수 있다. 이 장에서는 학대로 인해 생긴 심리적·정서적 후유증을 다루기 위한 다양한 활동을 소개한다.

제9장에서는 피해 아동이 이후의 대인 관계에서 다시 피해자가 되는 것을 막기 위해 개인 안전 기술을 습득하도록 돕는 내용을 다룬다. 관련된 연구들에 따르면, 외상 피해자는 일반적으로 예전에 겪은 것과 비슷하거나 혹은 또 다른 종류의 외상에 노출될 가능성이 일반인에 비해 현저하게 높다. 이는 외상 후유증으로 인해 위험 상황에서 수동적이거나 무기력한 태도를 취할 가능성이 높고, 외상 경험을 숙달하기 위한 방편으로 외상이 발생했던 상황과 비슷한 환경에 자신을 무의식적으로 노출시킬 위험이 있기 때문이다.

아동 학대의 피해자 역시 여러 가지 이유로 다시 학대를 받게 될 위험성이 높은 편이다. 학대 행위자와 영구 분리되는 경우가 아니라면 관련 기관의 개입 이후에 언제라도 학대가 다시 이루어질 위험성이 있다. 또한 학대는 집안에서 일어나는 경우가 대다수여서 밖에서 알아차리기 어렵고, 학대 행위자에 대한 애착으로 인해 피해 아동은 자신이 받은 학대 피해를 주변에 알리는 것을 꺼릴 수 있다.

제10장에서는 치료 종결과 관련된 이슈를 다룬다. 대부분의 학대 피해자는 애착과 관련된 심리적 갈등을 가지고 있는 경우가 많아서 치료 종결이 더욱 힘들 수 있다. 치료자도 학대 피해 아동과의

치료 종결은 다른 일반적인 어려움을 가진 아동과의 종결에 비해 보다 복잡한 감정을 느낄 수 있다. 이 장에서는 이러한 측면들에 대해 언급하고, 구조화된 치료 종결 방법에 대해서도 소개한다.

차 례

제1장
아동학대와 그 영향

제1장 아동학대와 그 영향

머리, 궁디, 어깨 할 것 없이 '퍽' 소리가 나도록 나를 세게 때렸다. 나는 문을 박차고 뛰쳐나갔다. 잘못했다는 생각은 싹 가시고 아빠가 싫다는 생각밖에 나지 않았다. 나는 집에 안 들어갈 생각으로 우리 논이 있는 곳으로 갔다. 그러고는 논에 쌓아 놓은 짚더미를 이용해서 잘 자리를 만들고 짚으로 내 몸을 덮었다. 그러고는 이런 생각을 했다. '우리 아빠 맞나? 계부 아닌가?'

- 이호철(2001, p. 59)

 1961년 「아동복지법」이 최초로 제정된 이래, 이 법은 1981년 「아동복지법」으로 명칭이 변경되고 개정되었다. 이후 아동학대, 약물중독, 아동의 안전 문제와 같이 새롭게 제기되는 사안들을 수용하여 2000년 1월 전면 개정된 「아동복지법」이 공포되었다. 전면 개정된 「아동복지법」의 가장 핵심적인 내용은 학대받은 아동에 대한 보호체계 수립에 있다.

 「아동복지법」 제3조에 따르면, 아동학대는 "보호자를 포함한 성인이 아동의 건강 또는 복지를 해치거나 정상적 발달을 저해할 수 있는 신체적·정신적·성적 폭력이나 가혹 행위를 하는 것과 아동의 보호자가 아동을 유기하거나 방임하는 것"이다. 제5조에서는 "아동의 보호자는 아동을 가정에서 그의 성장 시기에 맞추어 건강하고 안전하게 양육하여야 한다."라고 하여 보호자가 가져야 할 책무에 대해 언급하고 있다. 그리고 제5조의 2항에서는 "모든 국민은 아동의 권익과 안전을 존중하여야 하며, 아동을 건강하게 양육

하여야 한다."라고 명시하며, 아동의 권리를 보장하고 안전을 지킬 책임을 보호자뿐만 아니라 일반 국민도 함께 갖도록 하고 있다.

개정된 「아동복지법」에 따라 아동학대에 대한 신고 의무가 명시 되면서 2000년도부터 아동학대에 대한 신고 접수를 받기 시작하였 다. 중앙아동보호전문기관의 홈페이지(korea1391.org)에 실려 있는 아동학대 통계를 살펴보면 다음과 같다. 먼저 아동학대 의심 사례 가 2000년 10~12월 603건을 시작으로 매년 증가하여 2013년에는 10,857건에 달하고 있다.

2013년 자료를 보다 자세히 살펴보면, 여자아이가 61%, 남자아 이가 39%였다. 또한 연령은 5세 이하가 27%, 6~11세가 35%, 12 ~17세가 38%를 차지하고 있었다. 유형별 건수를 살펴보면 중복 학대가 43%로 가장 높았고, 뒤를 이어 방임 26%, 정서 학대 16%, 신체 학대 11%, 성 학대 4% 순이었다. 2013년 한 해 동안, 22명의 아동이 학대로 사망하였다. 미국의 경우, 2011년에 집계된 자료에 서 1년 동안 1,500명 이상의 아동이 아동학대나 방임으로 인해 사 망한 것으로 확인되었다(U.S Department of Health and Human Services, 2011). 이와 같이 아동의 인권과 생명권에 대한 존중과 보 장은 국내뿐만 아니라 국외에서도 부족한 실정이다. 이 장에서는 아동학대가 발생하는 원인과 아동학대의 영향에 대하여 살펴본다.

1. 아동학대의 발생 원인

아동학대가 발생하는 이유에 대해 많은 이론이 제시되었지만, 어느 한 가지 이론만으로 아동학대의 발생을 충분히 설명하기는 어렵다. 이에 벨스키(Belsky, 1980)는 부모가 가진 심리적 어려움, 아동의 행동 특성, 가정 내 상호작용, 스트레스를 주는 주변 환경, 문화적 특성 등을 통합한 이론을 제시하였다. 벨스키는 학대 행위자의 개인적 특성(ontogenic development), 부모-자녀 간 상호작용을 포함한 미시체계(microsystem), 부모의 고용 상태나 사회적 관계와 같은 외부체계(exosystem), 아동에 대한 사회적 태도나 문화적 가치관 등의 거시체계(macrosystem)들이 서로 맞물려 아동학대가 발생한다고 제안하고 있다. 이는 아동학대를 학대 행위자 개인의 문제로만 국한하거나 또는 개인을 지운 채 사회경제적 구조의 문제로 환원시키는 것이 아니라, 서로 영향을 주는 다양한 요인이 복합적으로 작용하는 과정에서 학대라는 특정 사건이 발생하는 것으로 보는 입장이다. [그림 1-1]은 벨스키의 견해를 바탕으로 하여 다양한 수준(level)에

개인적 특성	미시체계	외부체계	거시체계
• 학대 행위자가 겪은 아동기 학대 • 학대 행위자의 정신병리 • 알코올 남용	• 역기능적 관계 패턴 • 부부갈등	• 실업 • 사회적 고립 • 정서적 지지 부족 • 사회경제적 어려움	• 사회제도 • 사회적 가치관 • 사회적 신념

[그림 1-1] 아동학대에 영향을 끼치는 다양한 요인

서 아동학대의 발생에 영향을 미치는 요인들을 보여 준다.

1) 개인적 특성

학대는 학대 행위자의 발달적 내력이나 심리 상태와 같은 개인적 요인에 의해 일어날 수 있다. 학대 행위자와 관련된 경험적 연구들을 살펴보면, 학대 행위자는 아동기에 학대를 받은 경험이 일반인에 비해 현저하게 많았다(박성연, 노치연, 1992; 하은경, 박천만, 2002). 또한 우울증, 조울증, 정신분열증을 가지고 있는 집단의 비율이 비가해자 일반 집단에 비해 유의하게 높았고(MacMillan et al., 2001), 알코올 남용이 있는 부모의 경우 자녀에 대한 학대 위험성이 더 높은 것으로 나타났다(이재연, 한지숙, 2002; 지주예, 2002; Ammermana, Kolkoc, Kiriscic, Blacksond, & Dawesf, 1999).

하지만 이 결과를 해석하는 데에는 주의가 따른다. 통계적으로 유의미한 결과가 나왔다는 것은 주어진 사건이 발생할 가능성이 확률적으로 더 높다는 사실을 의미할 뿐, 특정한 개인이 나중에 자녀를 학대할지의 여부에 대해서는 알려 주지 않는다. 어린 시절에 학대를 받았던 많은 사람이 자녀를 학대하지 않는다. 반면, 어린 시절에 학대를 받지 않았지만 자녀를 학대하는 부모 역시 존재한다. 어린 시절에 겪은 학대 경험이라는 위험 요인이 성인기에 자녀를 학대하는 행위로 실체화되기 위해서는 여러 많은 경험과 사건들이 영향을 끼친다.

정신병리와 아동학대와의 관계 역시 마찬가지다. 정신병리를 가진 사람은 자녀 양육에 따른 스트레스와 심리적 부담감을 견디는

데 있어 정신병리가 없는 사람에 비해 불리한 위치에 있는 것은 사실이다. 그러나 정신병리 때문에 자녀를 학대한다는 단순한 해석은 정신병리에 대한 일반적인 편견을 반영하는 편파적인 시각일 수 있다. 예를 들어, 최근 실직하고 부부관계가 나빠져서 우울해진 어머니가 자녀를 방임하는 경우, 우울증 때문에 자녀를 방임한다고 해석하는 것은 무리가 있다.

따라서 임상 현장에서 부모를 만날 때 그 부모에게 정신병리가 있기 때문에 자녀를 학대하거나 방임할 위험이 있다고 단순히 판단하는 것은 문제가 있다. 그보다는 특정 개인이 가진 정신병리나 성격 특성이 자녀와의 관계에서 어떤 방식으로 표출되는지를 미시적으로 분석할 필요가 있다. 예를 들어, 경계선 성격장애를 가진 부모는 자녀가 화가 나서 부모에게 말을 하지 않으려고 할 때 자녀에게 매우 공격적인 모습을 보일 수 있는데, 이는 자녀의 침묵이 부모 입장에서는 버림받는 느낌을 촉발할 수 있기 때문이다. 또 다른 예를 들어 보면, 심한 우울증을 가진 부모는 우울 삽화를 보이는 기간에는 부모 자신이 가진 무력감과 절망감 때문에 자녀에게 무관심하거나 방임하는 모습을 보일 수 있다. 하지만 우울 삽화 기간이 끝나면 다시 자녀의 요구를 들어주고 적절한 양육을 제공할 수 있다. 이 경우 부모의 우울 삽화 기간에 어떻게 대처할지 아동과 함께 논의하거나 부모가 심한 우울 삽화 기간에 들어갔을 때 일시적으로 아동에게 돌봄을 제공할 수 있는 기관에 아동을 연결시켜 주는 것도 도움이 될 수 있다.

2) 미시체계

학대는 아동·청소년과 학대 행위자 사이의 상호작용 과정에서 발생하기 때문에 학대 행위자의 개인적 특성뿐만 아니라 아동·청소년의 특성이나 학대 행위자와 아동·청소년 사이의 상호작용 역시 학대의 발생에 영향을 끼칠 수 있다. 예를 들어, 부모의 심한 처벌이 아동·청소년의 반항 행동이나 비행으로 이어지고, 이에 대해 부모가 더욱 심한 처벌을 가하는 악순환 속에서 학대가 발생할 수 있다.

학대 행위자의 개인적 특성과 아동-학대 행위자 간 공격적인 상호작용은 독립적으로 작용하는 것이 아니라 상호 영향을 끼친다. 일반적으로 부모의 처벌에 대해 아동이 보이는 고통 표현은 부모가 더욱 강한 처벌을 하는 것을 막는 억제 기제로 작용한다. 이러한 억제 기제는 부모의 공감 능력을 바탕으로 하는데, 어린시절 학대 행위자가 겪은 정서적 박탈은 학대 행위자의 공감 능력 발달을 저해하여(Feshbach & Feshbach, 1974; Green, 1976), 아동이 아파하는데도 학대 행위자가 이를 제대로 느끼지 못하고 더욱 심한 학대를 가할 수 있다. 레더와 덩컨(Reder & Duncan, 2001)이 지적하였듯이, 자녀와의 관계 문제가 부모가 기존에 가지고 있던 미해결된 마음의 상처를 촉발하여 심한 학대로 이어질 수도 있다.

부부간의 갈등이나 가족의 크기 등도 학대 위험에 영향을 끼치는 것으로 연구에서 확인되었다. 관련 연구들을 살펴보면, 먼저 부부간에 폭력이 심하고 결혼 만족도가 낮을수록 자녀를 빈번히 학대하였다. 또한 대가족보다 핵가족에서 학대 빈도가 높았다(김정옥, 류도희, 1997; 이재연, 한지숙, 2002; 하은경, 박천만, 2002; 홍수진, 최창수, 홍성호, 조주연, 1996). 부부간의 관계가 아동학대와 밀접한 관계를 가지는 이유는 부부간에 갈등이 일어났을 때 폭언이나 신체 폭력을 사용하는 가정은 아동 훈육에서도 같은 전략을 사용하기 쉽기 때문이다.

3) 외부체계

외부체계(exosystem)는 직업 · 이웃 · 사회적 연결망 등과 같은 공식적 · 비공식적 사회구조를 가리킨다. 이와 관련된 변수로는 실업, 지역사회로부터의 고립, 사회경제적 배경을 들 수 있다.

실업은 여러 연구에서 자녀에 대한 학대 위험을 높이는 것으로 일관되게 확인되었다. 실업이 초래한 경제적 어려움과 좌절감, 무력감 등은 당사자에게 상당한 심리적 스트레스를 안겨 줄 수 있고, 이는 자녀에 대한 학대로 이어질 수 있다. 실직으로 인해 자녀와 보내는 시간이 많아지면서 자녀와의 갈등 기회가 늘어난다는 점 역시 영향을 끼치는 것으로 보인다(Belsky, 1978; Gil, 1971; McKinley, 1964).

사회적 고립이나 주변의 정서적 지지 유무도 학대의 발생과 관련되어 있는 것으로 확인되었다. 학대가 벌어지는 가족은 공식적 · 비공식적 지지체계로부터 고립되어 있다는 점이 반복적으로 관찰되었다(이재연, 한지숙, 2002; Bennie & Sclar, 1969; Kempe, 1973). 캠프(Kempe, 1973)가 말하듯이, 사회적 지지체계는 위기 상황에서 붙잡을 수 있는 생명선의 구실을 하는데, 도움을 청할 수 있는 사회적 관계나 지지체계가 없는 경우 부모는 심한 스트레스 상황에서 그에 따른 부정적인 감정을 가장 약한 가족 구성원인 자녀를 향해 표출할 위험이 있다.

한편, 사회경제적 배경은 성학대 위험과 관련된 중요 변수인 것으로 확인되었다. 사회경제적 지위가 낮은 가정에서 성장한 아동에게 심한 접촉성 성학대가 더 많이 일어났고, 음란물 노출 피해도 더 자주 있었다(유가효, 남정림, 1995). 아동학대가 발생하는 빈도와 아동학대가 일어날 잠재성은 일반 가정에 비해 결손 · 빈곤 가정에서 더 높게 나타났다(안혜영, 김신정, 고주애, 2002). 사회경제적 지위가 낮은 집단에서 아동학대가 보다 빈번하게 일어나는 이유는 부모가 사회경제적으로 주변부에 위치할수록 안정된 자아감과 사회적 지위를 갖기 힘들고, 이에 따른 불안과 좌절이 자녀에 대한 학대로 이어지기 때문으로 추측된다.

4) 거시체계

거시체계(macrosystem)는 다른 하위체계에 영향을 주는 체계로 사회제도나 사회적 가치관 및 신념 등을 말한다. 학대를 유발하는 문화적 가치나 신념체계 등이 이와 관련된다. '때려서 키워야 나중에 부모에게 효도한다.' '사랑의 매'와 같은 사회적 통념을 들 수 있다. 이러한 통념 속에는 일반적인 대인 관계에서는 허용되지 않는 폭력적인 행동이 자녀 양육이나 교육과정에서 허용될 수 있다는 생각이 담겨 있다. 미래의 긍정적인 결과를 위해 과정의 폭력성은 충분히 용인될 수 있다는 생각 역시 양육이나 교육과정에서 학대나

폭력이 발생하는 데 영향을 줄 수 있다. 이러한 사회적 통념은 부모의 학대와 정상적인 양육 활동 사이의 경계를 애매하게 만들고, 학대 행위를 합리화하는 데 사용될 수 있다는 점에서 학대 발생에 일조한다.

2. 아동학대의 영향

아동은 부모와의 관계를 통해 기본적인 생리적 욕구들을 만족시키고 외부의 위험으로부터 보호를 받는다. 또한 부모의 보호 속에서 세상에 대한 탐색을 시작한다. 이처럼 아동 발달에 있어 필수적 존재인 부모로부터 받는 학대와 방임은 아동의 내면 세계에 심각한 영향을 끼칠 수 있다. 여기서는 외현적 행동 문제, 내현적 심리 문제 그리고 신경학적 손상의 측면에서 학대의 후유증을 살펴본다.

1) 외현적 행동 문제

학대 피해를 입은 아동은 외현적 행동 문제를 보일 위험이 높다(김갑숙, 1993; 김현수, 1997; 신혜영, 2003; 최윤라, 1988; Reidy, 1977). 관련 연구들을 보면, 피해 아동은 아동기와 청소년기에 주의력 결핍 및 과잉행동 장애, 반항성 장애(Cohen, Brown, & Smailes, 2001; Famularo, Kinscherff, & Fenton, 1992)를 비롯하여 반사회적 행동(Jaffee, Caspi, Moffitt, & Taylor, 2004; Manly, Kim, Rogosch, & Cicchetti, 2001)을 보일 위험이 높았다. 그리고 이러한 외현화 문제

는 성인기까지 이어져 성인이 된 이후에 범죄를 저지르거나 약물 남용을 할 위험을 높일 수 있다(Noll, Trickett, Harris, & Putnam, 2009; Thornberry, Henry, Ireland, & Smith, 2010).

그렇다면 학대 피해를 입은 아동이 외현적 행동 문제를 보이는 이유는 무엇일까? 먼저, 사회적 학습의 측면에서 보면 학대 피해 아동은 부모의 행동을 모델 삼아 공격적인 행동을 학습하여 갈등 상황에 직면하게 되면 자연스럽게 공격적인 행동을 보일 위험이 높다(김소명, 2001; 안동현, 2002). 또한 공격성과 강제성에 기초한 대인 간 상호작용이 내면화되어 중립적인 상황을 위협적인 것으로 인식하고, 위협적인 외부 세계로부터 자신을 보호하기 위해 방어적이고 공격적인 태도를 보이는 것일 수도 있다(Dodge, Bates, & Pettit, 1990). 다음으로, 피해 아동이 주변 세계에 보이는 공격성은 학대를 받을 당시에 느꼈던 무력감을 보상하려는 시도일 수도 있다(Finkelhor & Browne, 1985). 즉, 무력하게 학대를 감수해야 했던 심리적 고통을 과잉 보상하기 위해 만만한 또래나 주위 사람을 대상으로 거칠고 공격적인 행동을 보이는 것일 수 있다.

2) 내현적 심리 문제

학대받은 아동은 자신을 싫어하고 스스로를 무능하다고 인식하는 등 자존감과 자기가치감이 낮을 수 있다(김아다미, 2001). 또한 학대 피해 아동은 아동기에 주요 우울장애나 불안장애, 그 밖에 다양한 내현화된 증상들을 보일 가능성이 높은 것으로 나타났다(Bolger & Patterson, 2001; Brown, Cohen, Johnson, & Smailes, 1999;

Lansford et al., 2007). 이와 함께 외상 후 스트레스 증상을 보일 위험이 높았다(Deblinger, Mcleer, Atkins, Ralphe, & Foa, 1989). 이들은 학대 사건을 상기시키는 자극이나 경험을 접하게 되면 심한 두려움을 느끼면서 위축되거나, 놀이나 이야기를 통해 학대 경험을 반복적으로 재현하는 경우가 많다. 일부 아동의 경우에는 이러한 외상 후 스트레스 증상이 시간이 지나도 줄어들지 않고 계속 지속되었다(Famularo, Fenton, Augustyn, & Zuckerman, 1996).

[그림 1-2]는 학대로 친척이 죽고 자신만 살아남은 한 아동이 치

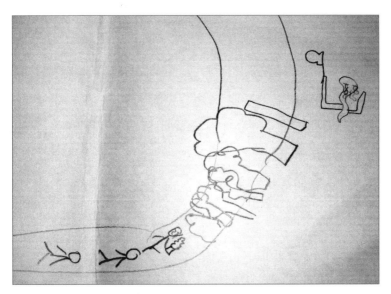

[그림 1-2] 초등학생 내담자가 치료 중에 그린 자유화

내담자는 그림을 그린 후 다음과 같이 설명했다. "길을 가는데 유령(오른쪽)이 길 앞을 휙 지나갔어요. 저(왼쪽에서 세 번째 사람)만 그 유령을 보았어요. 그 유령은 저보다 나이가 두 살쯤 많고 피눈물을 흘렸어요." 그림을 잘 보면 아이스크림을 손에 들고 있는 내담자 역시 눈물을 흘리고 있다.

료 과정에서 그린 그림이다. 죽은 친척에 대한 외상적 기억이 내담자의 의식 속에서 어떤 식으로 다시 촉발되는지를 잘 보여 준다. 아동은 외상과 관련된 침투 증상이 직접적인 기억보다는 공포스러운 상상이나 악몽으로 위장되어 나타나는 경우가 자주 있다.

3) 신경학적 손상

학대받은 아동은 여러 연구에서 해마의 부피가 더 작다는 것이 관찰되었다. 해마가 정서 조절과 사건에 대한 의식적인 기억에 있어 중요한 역할을 한다는 점을 고려할 때, 학대받은 아동은 정서적 정보를 처리하는 데 어려움을 겪을 수 있다(McCrory, DeBrito, & Viding, 2010; Stein, Koverola, Torchia, & Mclarty, 1997). 또한 신체적 학대에 따른 물리적 충격이나 만성적인 학대 환경으로 인해 계획하고, 조직화하고, 부적절한 반응을 억제하는 등의 실행 기능과 관련된 전전두엽의 기능 발달이 지체되거나 손상을 입을 수 있다(Richert, Carrion, Karchemskiy, & Reiss, 2006). 그리고 주요신경내분비계인 변연계-시상하부-뇌하수체-부신 축(limbic-hypothalamic pituitary adrenal axis: LHPA 축)은 스트레스에 반응하여 부신피질자극호르몬 방출 인자(corticotropin releasing factor), 부신피질자극 호르몬(adrenocorticotropic hormone), 글루코코티코이드(glucocorticoid)를 방출한다. 만성적인 학대와 같은 지속적인 스트레스 상황에서는 LHPA 축이 과잉 민감화되어 기능 조절에 이상이 발생할 수 있는데, 이는 피해자를 우울이나 불안 또는 행동 조절에 더욱 취약하게 만들 수 있다(Arborelius, Owens, Plotsky, &

Nemeroff, 1999; Gunnar & Vazquez, 2006; Van Goozen, Fairchild, Snoek, & Harold, 2007).

제2장

학대받은 아동에 대한 평가

> 망가진 것을 복구해 내는 것은 파괴를 인정할 수 있을 때에만 현실적인 것이
> 될 수 있다.
>
> – 위니컷(Winnicott, 1935/2011, p. 289)

제1장에서 살펴보았듯이, 학대 피해 아동에게는 외현적 행동 문제뿐만 아니라 내현적 심리 문제가 함께 나타날 수 있다. 피해 아동의 전반적인 기능 수준, 학대에 따른 외상 후 증상, 외현적 · 내현적 증상들을 확인하는 것은 특정 아동에게 맞는 종합적인 치료 계획을 세우는 데 매우 유용하게 사용될 수 있다. 이를 위해 이 장에서는 행동평가척도, 인지기능평가, 투사적 검사, 피해 아동 및 부모와의 면담에 대해 살펴본다.

1. 행동평가척도

행동평가척도들은 비교적 짧은 시간에 실시할 수 있고, 면담 과정에서 놓칠 수 있는 행동 문제와 증상을 체계적으로 확인하는 데 도움이 된다. 또한 연구를 통해 신뢰도와 타당도가 확인되고 표준화되었다는 점에서 신뢰성이 높고, 아동이 보이는 행동 문제의 심각성을 또래 아동과 비교하기 용이하다.

그러나 제한점 역시 존재한다. 우선 보호자나 아동이 솔직하게 답하지 않거나 축소해서 보고할 가능성이 있다. 자신의 감정 상태나 내면 상태를 살펴보는 능력이 부족하여 자신의 행동이나 심리 상태에 대해 정확히 보고하지 못할 수 있다. 또한 다른 사람에게 자신이 부정적으로 평가될지 모른다는 두려움 때문에 자신의 경험이나 행동을 실제보다 좋게 보고할 가능성도 있다. 그리고 보호자 역시 아동에 대한 보호자의 감정이나 보호자의 개인적인 이유 때문에 아동의 행동 문제를 과장하거나 축소해서 보고할 소지가 있다.

따라서 임상가는 행동평가척도를 통해 나온 결과를 기계적으로 해석하지 않는 것이 중요하다. 가능하면 다양한 보고자를 통해 행동평가를 실시하고, 행동평가척도에서 나온 결과를 면담이나 투사적 검사에서 나온 내용과 함께 놓고 비교하여 판단을 내리는 것을 권장한다. 자기보고식 검사인 경우에도 아동의 인지적 발달이나 방어 기제, 심리 상태 등을 종합적으로 고려하여 결과를 해석하는 것이 좋다. 현장에서 사용할 수 있는 몇 가지 행동평가척도를 살펴보면 다음과 같다.

먼저 아켄바흐(Achenbach, 1991)가 개발한 아동 · 청소년 행동평가 척도(Child Behavior Checklist: CBCL)는 4~18세 아동의 문제 행동과 기능을 평가하는 것으로 보호자가 평가하는 버전이 널리 사용되고 있다. 이 척도는 총 120개의 문항으로 구성되어 있다. 국내에서는 오경자, 하은혜, 이혜련 및 홍강의(1997)가 표준화하여 한국판 아동 · 청소년 행동평가 척도(Korea-Child Behavior Checklist: K-CBCL)를 만들었다. 검사를 실시하면 총점을 통해 전반적인 기능 상태를 확인할 수 있고 증후군 소척도 결과를 통해 내재화 증상과 외현화 증상, 사회적 미성숙, 사고문제, 주의집중문제 등을 확인할 수 있다.

아동용 외상 관련 증상 평가 척도(Trauma Symptom Checklist for Children: TSCC; Briere, 1996)는 만 8~16세 아동이 사용할 수 있는 자기보고식 평가 도구다. 총 54개의 질문으로 구성되어 있고, 불안 · 우울 · 외상 후 스트레스 · 성적 관심 · 해리 · 분노의 6개 하위 영역을 측정한다. 각 영역별로 문항의 예를 살펴보면, '나쁜 일이 벌어질까 봐 두렵다.'(불안), '아무도 나를 좋아하지 않는 것 같다.'(우울), '나에게 일어났던 나쁜 일에 대해 생각하는 것을 멈출 수 없다.'(외상 후 스트레스), '성에 대해 생각한다.'(성적 관심), '내가 다른 곳에 있는 척한다.' '어떤 감정도 가지지 않기 위해 애쓴다.'(해리), '고함을 지르고 물건을 부수고 싶다.'(분노) 등의 문항들이 있다. 아동 수준에 맞는 쉬운 단어로 외상 후 증상들을 측정하고 있어 아동 스스로 문항에 답변할 수 있다는 장점이 있다. 브리에리(Briere, 1996)가 TSCC를 개발할 당시의 하위 영역별 내적 합치도는 .82~.89였다. 손소영, 김태경 및 신의진(2007)의 연구에서는 전체 문항에 대한 내적 합치도가 .97로 매우 높게 나왔다.

마나리노(Mannarino, 1994)는 성학대 피해 아동과의 임상 경험을 통해 성학대 피해 아동이 보이는 특정적인 귀인과 지각을 찾아서 아동용 귀인 및 지각 척도(Children's Attributions and Perception Scale: CAPS)를 만들었다. 총 20개 문항으로 또래와의 이질감(feeling different from peers), 부정적 사건에 대한 개인적 귀인(personal attributions for negative events), 피불신감(perceived credibility), 대인불신(interpersonal trust)의 4개 하위척도로 구성되

어 있다. 이러한 귀인 반응은 학대 경험에서 직접적으로 비롯되거나, 학대 사실을 밝히고 난 뒤에 주위 사람들이 보이는 반응에 의해서 생겨난다. 하위 척도별로 문항을 살펴보면, '나는 주위 친구들과는 다른 것 같다.'(또래와의 이질감), '나쁜 일이 일어나면 대개 내 탓이다.'(부정적 사건에 대한 개인적 귀인), '사람들은 내가 거짓말을 한다고 느끼는 것 같다.'(피불신감), '누구에게도 의지할 수 없을 것 같다.'(대인불신) 등을 들 수 있다. 최지영(2013)의 연구에서는 각 하위요인별 내적 합치도가 .59 ~ .89로 나왔다.

아동용 우울검사(Children's Depression Inventory: CDI)는 코박스와 벡(Kovacs & Beck, 1977)이 고안한 것으로 6~17세에 속하는 아동·청소년을 대상으로 우울증의 인지적·정서적·행동적 증상들을 평가하는 27문항으로 구성된 자기보고식 척도다. 각 문항에 0점에서 2점까지의 점수를 주고, 각 문항의 점수를 모두 합산하여 우울 증상의 심각성을 측정한다.

2. 인지기능평가

아동학대는 인지적 발달, 문제해결 능력 및 학업 성취에도 부정적인 영향을 끼칠 수 있다. 여러 연구에서 학대받은 아동이 학대를 받지 않은 아동에 비해 지적 능력이 더 낮다는 결과가 보고되었다(Hoffman-Plotkin & Twentyman, 1984; Perry, Doran, & Wells, 1983; Veltman & Browne, 2001). 다른 학대 유형과 비교해서 방임된 아동이 가장 현저한 학습 문제를 보였다. 구체적으로 살펴보면, 학년에 맞는 학업 수행에 어려움을 보이는 경우가 많았고, 일반 학생과 비교했을 때 거의 5배 가까이 결석하였다(Eckenrode, Laird, & Doris, 1993; Kurtz, Gaudin, Wodarski, & Howing, 1993; Mash & Wolfe, 1991). 학대로 인해 외상 후 스트레스 장애를 보이는 아동의 인지기능을 측정한 한 연구(Beers & Bellis, 2002)에서는 학대받은 집단이 일반 집단에 비해 주의력과 추상적 추론, 실행 기능에서 낮은 수행을 보였다.

학대받은 아동이 학교에서 낮은 학업 성취를 보이는 데에는 여러 가지 이유가 있을 수 있다. 자존감과 유능감이 낮기 때문에 학교에서 성공하려는 동기가 낮을 수 있고(Barnett, Vondra, & Shonk, 1996), 학령 전기에 나이에 맞는 학업적 자극이나 학습 기회를 갖지 못했기 때문일 수도 있다(Erickson, Stroufe, & Pianta, 1989).

학대 피해 아동의 인지적 취약점을 보완하고 강점을 살리도록 돕는 것은 아동의 유능감을 높여 줄 뿐만 아니라, 학교 적응에도 긍정적인 영향을 끼칠 수 있다. 나이에 맞는 문제해결 능력과 대처 능력의 향상에도 도움이 된다. 이를 위해 아동의 인지 능력에 대한 정확한 평가가 필요하다.

아동의 인지 능력을 평가하기 위해 사용되는 대표적인 검사로 웩슬러(Weschler, 1949)가 개발한 웩슬러 아동용 지능검사(Weschler Intelligence Scale for Children: WISC)를 들 수 있다. WISC의 개정판인 WISC-R을 한국 실정에 맞게 표준화한 것이 KEDI-WISC(Korean Educational Development Institute-Weschler Intelligence Scale for children; 박경숙, 윤점룡, 박효정, 박혜정, 권기욱, 1986)이고, 이후 K-WISC-III(Korean-Wechsler Intelligence Scale for Children-III; 곽금

주, 박혜원, 김청택, 2001)가 표준화되었다. K-WISC-III는 6세~16세 11개월의 아동을 대상으로 한다. 웩슬러 지능검사는 전체 지능 지수를 산출하고, 언어성 지능을 측정하는 6개의 소검사와 동작성 지능을 측정하는 6개의 소검사로 이루어져 있다. 언어성 지능을 측정하는 소검사를 통해서는 언어적 개념 형성 능력과 추상화 능력, 지식 습득의 정도, 관습적인 판단력, 청각적 주의력, 단기 기억 능력 등을 평가할 수 있다. 동작성 지능에 포함된 소검사를 통해서는 환경적 자극에 대한 기민성, 사회적 상황에 대한 이해 능력, 시각-운동의 협응 능력, 정신-운동 속도, 지각 구성 능력 등을 확인할 수 있다(신민섭 외, 2005). 피해 아동의 인지적 강점과 약점에 대한 이해는 피해 아동의 행동을 이해하고 적절한 치료 계획을 세우는 데 유용하게 활용될 수 있다. 예를 들어, 청각·언어 영역에서 어려움을 가지고 있지만 시각·공간 영역에서 강점을 가지고 있는 아동은 노출 치료 과정에서 자신이 겪은 외상을 말로 설명하는 것을 힘들어할 수 있다. 이런 아동의 경우, 직접적인 언어 표현보다는 인형이나 그리기 활동 등을 사용하는 것이 내담자의 표현을 촉진하는 데 도움이 될 것이다. 또한 청각주의력의 폭이 좁은 아동의 경우에는 치료 진행 과정에서 한 번에 길게 설명하기보다는 말을 짧게 끊어서 이야기한 다음 아동이 이해했는지를 확인하고 다음 말을 하는 것이 도움이 된다.

3. 투사적 검사

아동 · 청소년은 개인차가 있기는 하지만 성인과 비교했을 때 대체로 언어적 표현력이 부족하고, 낯선 상황에 대한 두려움과 불안감이 높으며, 자신의 생각과 경험을 논리적인 방식으로 개념화하는 데 한계를 가지고 있다. 따라서 검사 상황에서 자신이 가진 심리적 고통이나 갈등, 내적 충동, 생각, 감정 등을 자세히 보고하는 것을 어려워할 가능성이 높다. 특히 학대받은 아동은 학대에 따른 심리적 위축, 타인에 대한 불신과 경계심, 방어적인 태도 등으로 언어를 통해 실시되는 자기보고식 심리검사만으로는 피해 아동의 내면 상태를 충분히 이해하기 어려울 수 있다.

이러한 측면에서 투사적 검사는 언어를 통해 실시되는 자기보고식 검사의 제한점을 보완해 주고, 의식적인 보고로는 확인하기 어려운 내면의 역동, 과거와 현재의 심리적 상처, 자신과 타인에 대한 인식, 마음 저변의 감정, 성격적인 특성 등을 알려 줄 수 있다. 사용할 수 있는 투사적 검사로 집-나무-사람 그림검사(H-T-P test)와 로르샤하 검사(Rorschach test)를 들 수 있다.

집-나무-사람 그림 검사는 벅(Buck, 1948)이 개발한 것으로 아동에게 종이를 제시하고 집과 나무, 사람을 그리게 하는 것이다. 이러한 그림 속에는 개인의 내면적 심리 상태와 성격 구조에 대한 중요한 정보가 담겨 있다. 신민섭 등(2002)에 따르면, 집 그림에는 "아동이 내면에 가지고 있는 가족, 가정생활, 가족관계, 가족구성원 각각에 대해 가지고 있는 표상, 생각, 그와 관련된 여러 감정, 소망

들이 투영되어 나타나게 된다."(p. 81) 반면 "나무 그림에서는 좀 더 깊고 무의식적인 핵심 감정이 드러나는 한편, 사람 그림에서는 좀 더 의식적인 수준에서 자기 자신과 환경과의 관계에 대해 가지고 있는 스키마가 반영된다."(p. 103) 즉, 집-나무-사람 그림 속에는 다양한 의식의 층위에서 내담자가 자신과 주변 세계에 대해 느끼는 감정과 생각들이 투영되어 나타난다.

학대 피해 아동·청소년이 투사적 검사를 통해 자신의 경험과 상처를 드러내는 방식은 개개인에 따라 차이가 크다. 어떤 아동은 자신이 겪은 상처와 아픔을 회피하고 보상하기 위한 방안으로 여러 가지 즐거운 상상이 투영된 비현실적인 집 그림을 그리기도 한다. 또 다른 아동은 학대에 의해 생긴 우울감과 내면적 자원의 부족 때문에 매우 빈약하고 단순한 그림을 그릴 수도 있다. 임상가는 투사적 검사 결과를 통해 내담자가 자신의 상처와 경험을 어떤 방식으로 다루려고 하고, 어떤 식으로 드러내거나 감추려고 하는지를 파악할 필요가 있다.

또 다른 투사적 검사로 로르샤하가 개발한 로르샤하 검사(Rorschach, 1942)를 들 수 있다. 로르샤하 검사는 피검자에게 10장의 잉크반점을 제시하고 잉크반점이 무엇처럼 보이는지 보고하도록 한다. 이를 통해 내담자의 사고 특성, 의사결정 과정, 지각의 정확성, 무의식적인 감정, 감정과 충동을 조절하는 방식, 세상과 자신에 대한 태도 등을 알아볼 수 있다. 로르샤하 검사는 모호한 잉크 자극에 대한 지각 및 연상 과정을 측정함으로써 내담자의 성격 구조와 심리적 역동을 확인하는 데 매우 유용하게 사용될 수 있다(Weiner, 2003/2005).

집-나무-사람 그림 검사나 로르샤하 검사 등의 투사적 검사들을 통해 확인된 다양한 정보는 치료의 우선순위를 결정하고, 내담자의 깊은 마음을 공감적으로 이해하는 데 많은 도움이 될 수 있다.

4. 피해 아동 및 부모에 대한 면담

1) 아동과의 면담

피해 아동과의 초기 면담 과정에서 임상가는 다음과 같은 부분들에 주의를 기울여야 한다.

먼저, 임상가는 자신의 역할을 분명히 해야 한다. 임상가와 법정 면담자의 역할은 차이가 있다. 법정 면담자의 역할이 아동이 겪은 사건을 객관적으로 파악하고 그에 대한 법률적 판단을 내리는 것이라면, 임상가의 역할은 학대가 아동에게 끼친 영향을 파악하고 그에 맞는 적절한 치료를 제공하는 것이다. 치료적 맥락이나 협력적인 관계 형성을 염두에 두지 않은 채 초기부터 피해 아동이 겪은 학대 경험만을 자세히 탐색하는 것은 치료에 부정적인 영향을 끼칠 수 있다.

한편, 피해 아동의 입장에서는 낯선 사람(여러 관련 전문가들)에게 자신이 겪은 학대에 대해 반복적으로 이야기는 것이 매우 부담스럽고 스트레스가 될 수 있다. 임상가는 관련 전문가들과의 긴밀한 협조를 통해 학대 경험에 대해 아동이 불필요하게 반복해서 이야기하는 상황이 발생하지 않도록 주의해야 한다.

아동은 성인에 비해 자신이 겪은 사건을 논리적이고 자세하게 기억하는 능력이 상대적으로 부족하다고 여겨져 왔다. 이에 한때는 아동이 법정 증인으로서 제대로 된 역할을 할 수 없을 것이라고 생각하기도 했다.

그러나 아동의 기억과 피암시성과 관련된 일련의 연구들에 따르면, 대부분의 아동은 가짜 기억의 주입에 저항하고(Ceci, Loftus, Leichtman, & Bruck, 1994), 직접 겪은 눈에 띄는 사건의 경우 많은 정보를 정확하게 기억할 수 있으며(Pipe, Lamb, Orbach, & Esplin, 2004), 어린 아동의 경우에도 자신이 겪은 사건에 대한 기억을 몇 년이 지난 후에도 떠올릴 수 있었다(Fivush, Peterson, & Schwarzmueller, 2002). 이와 같은 연구결과들은 "아주 어린 아동일지라도 질문이 적절하게만 주어진다면 직접 경험했고 정서적으로 의미 있는 사건, 특히 부정적인 사건의 핵심적인 면에 대해서는 정확한 정보를 제공할 수 있다."(Faller, 2007/2013, p. 66)는 점을 시사한다.

임상가는 아동과의 면담 과정에서 아동에게 불필요한 부담을 주지 않기 위해 노력함과 동시에 면담 및 평가 과정이 치료적으로 도움이 될 수 있도록 노력하여야 한다. 그리고 임상가의 선입견이나 추측이 아동의 진술에 잘못된 영향을 주지 않도록 중립적인 자세를 유지하는 것이 중요하다.

아동의 거짓 진술을 막기 위해 면담자가 아동에게 제시할 수 있는 간단한 규칙을 폴러(Faller, 2007/2013, p. 143)는 다음과 같이 설명하고 있다.

- 질문에 대한 대답을 안다면 나에게 그것에 대해 말해 주고, 그

답을 모른다면 "잘 모르겠어요."라고 말해 줄래?

- 질문을 이해할 수 없다면 나에게 말해 줘. 내가 좀 더 이해할 수 있도록 다시 질문할게.
- 실제로 일어났던 일에 대해서만 말해 줘.

임상가는 면담 과정에서 아동이 위협감이나 차가움을 느끼지 않도록 주의하여야 한다. 아동은 압박이나 위협을 받는다고 느낄 때 외부의 암시에 취약할 수 있다. 따뜻하면서도 지지적인 임상가의 태도는 아동이 자신의 기억을 정확하게 이야기하는 데 도움이 된다 (Lamb, Orbach, Hershkowitz, Esplin, & Horowitz, 2007).

면담 시작 단계에서는 개방형 질문으로 아동이 좋아하는 것에 대해 이야기를 듣는 시간을 가짐으로써 아동과 라포 관계를 형성하는 것이 좋다(Lyon, 2001). 그리고 "무엇을 도와줄까?" "혹시 네가 오늘 나를 만나러 온 이유를 알고 있니?" "너에게 어떤 일이 일어났던 것으로 알고 있어. 그에 관하여 할 수 있는 데까지 최선을 다하여 말해 줄래?"(Faller, 2007/ 2013, p. 175)와 같은 일반적이고 개방적인 질문을 통해 학대 경험에 대한 탐색을 시작한다. 아동이 자기 주도로 이야기를 하도록 하고, 이야기를 하는 동안에는 이야기를 방해하거나 끊지 않도록 노력한다. "거기에 대해 좀 더 이야기해 주겠니?" "그다음에 무슨 일이 일어났니?"(Deblinger & Heflin, 1996)와 같이 생각을 촉진하는 표현을 통해 이야기를 따라가는 것이 좋다.

선택형 질문(예/아니요 질문, 다중선택 질문)이나 직접적인 질문의 경우, 아동은 사회적으로 바람직하거나 면담자가 기대할 것이라고 생각하는 반응을 할 가능성이 있다. 특히 "아빠가 너를 담뱃불로 지졌니?"와 같은 유도 질문이나 "할아버지가 너의 사적인 부분을 혹시라도 만진 것은 아니겠지?"와 같이 혼란을 유발할 수 있는 애매한 질문은 피하는 것이 좋다.

학대가 지속되고 있는 응급 상황에서는 단기간에 초기 면담과 평가를 실시하고, 아동에 대한 적절한 보호 조치와 치료가 바로 이어지도록 조치하는 것이 좋다. 하지만 피해 아동이 적절한 보호를 받는 비교적 안정된 상황에 놓여 있고, 평가를 받을 만한 충분한 시간 여유가 있는 경우에는 보다 심층적인 면담과 평가 과정을 갖는 것을 고려해 볼 수 있다.

길(Gil, 2006)은 학대 피해 아동과 가족의 상황을 정확히 확인하기 위해 10~12회기에 걸쳐 실시되는 '확장된 발달 평가(extended developmental assessment)'를 제시하고 있다.

이 평가는 3단계로 구성되어 있는데, 첫 단계(처음 3~4회기)에서는 아동이 편안하고 안전한 느낌을 가질 수 있도록 돕는 데 중점을 둔다. 중간 단계에서는 모래놀이나 인형극 놀이, 그림 그리기, 대화와 같은 직간접적인 방법을 통해 아동이 학대 피해 경험을 표현할 수 있도록 돕는다. 마지막 단계에서는 아동과 보호자에게 평가의 결과나 그에 따른 치료 방향에 대해 설명하고 논의한다. 이러한 확장된 평가 과정을 통해 임상가는 다음 사항을 확인한다(Gil, 2006, pp. 26-27).

• 아동의 전반적 발달 기능을 결정
• 현재의 증상과 문제를 확인

- 만약 외상이 확인될 경우, 외상에 따른 충격을 확인
- 아동의 내적 자원(대처 전략, 자아 강도)을 파악
- 부모의 지지와 지도에 대한 아동의 지각을 탐색
- 부모가 아동에 대해 적절한 지지와 돌봄, 지도를 제공할 수 있도록 격려

임상가는 아동이 처한 상황의 응급 유무, 아동의 연령, 가정 내 상황 등을 종합적으로 고려하여 아동에게 맞는 면담과 검사를 실시하고, 얻은 결과를 바탕으로 아동에게 맞는 치료의 유형과 기간 등을 잠정적으로 결정한다. 법률 기관의 역할이 구체적인 사실의 확인을 통한 법률적 결정에 있다면 임상가는 평가 단계에서부터 치료적 측면을 염두에 둘 필요가 있다. 따라서 임상가는 암시나 직접적인 질문을 통해 사실 유무를 확인하는 데 초점을 두기보다는 지지적이고 따뜻한 환경 속에서 피해 아동이 주도적으로 자신의 경험을 이야기할 수 있도록 도와주는 것이 좋다.

2) 부모와의 면담

부모는 다양한 이유에서 정확한 정보 제공을 어려워할 수 있다. 부모가 학대 행위자일 경우, 법률적인 책임을 피하기 위해 자신의 가해 행동을 부인할 수 있다. 학대에 대한 인식이 부족함에 따라 학대를 부모가 할 수 있는 양육 방법의 하나로 생각하거나 학대의 발생 원인을 아동에게 돌리고 자신의 잘못을 인정하지 않을 수도 있다. 또한 아동보호소나 치료기관에 대한 부정적 인식 때문에 방어

적인 태도를 보일 수도 있다. 한편, 비가해 부모의 경우에도 파트너 (학대 행위자)와의 관계를 지키거나 아동을 충분히 보호하지 못했다는 죄책감을 감추기 위해 피해 아동에 대해 감정적으로 거리를 두거나 아동이 당한 학대를 축소하여 보고할 수 있다.

임상가는 치료 초기에 부모와의 면담에서 아동의 현재 상태, 아동의 발달력, 아동이 보이는 심리적 증상, 아동의 학대 피해에 대한 부모의 인식 등을 확인한다. 이때 임상가가 부모에 대해 평가적이거나 비판적인 태도를 보이는 것은 치료에 전혀 도움이 안 된다. 임상가의 비판적인 태도는 비가해 부모의 경우에는 죄책감과 무력감을 불러일으키고, 학대 행위자의 경우에도 치료에 대한 저항을 초래할 수 있다. 임상가가 보호자가 살아온 인생과 현재 겪고 있는 어려움을 공감적으로 이해하는 것은 보호자와의 협력적인 관계 형성에 도움이 된다.

비가해 부모의 경우, 자녀가 겪은 외상에 대해 알게 되면 커다란 심리적 충격을 받는 경우가 많다. 자녀를 보호하지 못했다는 생각에서 비롯된 죄책감과 가해자에 대한 강렬한 분노감, 안전한 세상에 대한 믿음의 붕괴, 부모 자신이 과거에 겪었던 외상 경험의 재촉발 등으로 인해 피해 아동만큼이나 비가해 부모 역시 매우 힘들어한다. 또한 피해 아동이 겪은 학대 사건에 대해 아동과 어떻게 이야기를 나누어야 할지에 대해 난감해할 수 있다. 평가 및 치료 과정에서 임상가는 비가해 부모가 겪는 이러한 어려움을 이해하고 충분한 정서적 지지와 도움을 제공할 필요가 있다.

한편, 아동에 대한 양육 과정에서 보호자가 겪는 부담감을 이해하고, 적절한 양육 방식에 대한 지침을 제공하는 것 역시 중요하다.

보다 효과적인 양육 방법을 사용하도록 보호자를 돕는 것은 보호자의 양육 부담을 덜어 줄 뿐만 아니라 가정 내에서 피해 아동이 보다 나은 보살핌을 받게 하는 데 도움이 된다.

제3장

인지행동적 치료 모델

나는 돌팔이 의사도 마법사도 아니고, 단순한 의료인이다. 나는 건강이 나아질
수 있는 조건을 마련해 준다. 많은 빛과 온기, 자유와 기쁨을. 나는 그들이 자발
적으로 완쾌를 위해 노력하기를 원한다. 그는 자신과 싸울 것이며, 실망과 실
패를 경험할 것이다. 그의 노력이 늘 새로워지기를! 자신의 방법을 찾고, 작고
개별적인 승리의 기쁨을 경험하기를!

– 코르차크 (Korczak, 1998, pp. 111-112)

여기에서 소개하는 학대받은 아동에 대한 심리치료는 전통적인
인지행동치료를 바탕으로 하고 있다. 여기에는 인지-정서-행동 간
의 관계, 협력적인 치료 동맹, 치료 효과에 대한 경험적인 평가, 왜
곡된 인지에 대한 수정, 대처 기술의 향상을 통한 치료 효과의 지
속, 노출을 통한 회피 반응의 감소와 같은 인지행동치료의 핵심 요
소들을 포함하고 있다. 이 장에서는 학대받은 아동의 치료에 바탕
이 되는 인지행동치료의 기본 가정들을 살펴보고, 학대받은 아동
에 대한 노출 치료에 대해 알아본다.

1. 인지, 정서, 행동 사이의 연관 관계

전통적인 인지행동치료는 몇 가지 기본적인 특징들을 가지고 있
다. 먼저 인지행동치료에서는 인지와 정서, 행동 사이의 상호 관계

를 중시한다. 즉, 상황 자체가 고통을 유발한다기보다는 상황에 대한 해석(인지)이 감정을 불러일으키고 행동을 초래한다. 반대로 정서나 행동의 변화가 나머지 요소에 영향을 끼칠 수도 있다. 따라서 전통적인 인지행동치료에서는 비합리적인 신념이나 왜곡된 인지를 파악하고, 이를 보다 합리적이고 적응적인 사고로 변화시키는 것을 중시한다.

학대받은 아동·청소년의 경우에도 자신이 겪은 사건으로 인해 자신과 다른 사람 및 세상에 대해 왜곡되거나 비합리적인 신념을 가지게 될 수 있다. 이러한 신념으로 '나는 더러운 아이야.' '부모가 나에게 화상을 입힌 것은 내가 잘못했기 때문이야.' '세상은 믿을 수 없고 위험해.' 와 같은 생각을 가질 수 있다. 따라서 학대받은 아동에 대한 치료 과정에서 불합리한 신념을 확인하고, 그것에 대해 개입하는 것이 중요하다. 다만 영, 클로스코 및 바이샤르(Young, Klosko, & Weishaar, 2003/2005, p. 18)가 지적하듯이, 인지행동치료에서는 "간단한 훈련을 통하여 내담자가 자신의 인지와 감정에 접근할 수 있고, 이를 치료자에게 보고할 수 있다."는 가정을 전제한다. 하지만 학대받은 많은 아동이 자신의 인지와 감정을 보고하는 것을 어려워한다. 이는 피해 아동이 학대 경험과 다시 접촉하는 것을 피하기 위해 사고를 억압하거나 감정을 차단하는 경우가 많기 때문이다. 또한 연령이 낮은 경우 자신의 감정과 사고를 보고하는 것 자체를 어려워할 수 있다. 이러한 점들을 보완하기 위해 감정과 사고를 확인할 때 아동의 눈높이에 맞는 다양한 매체, 즉 감정 카드나 인형극, 그리기 등을 사용할 수 있다.

2. 협력적인 치료 관계

인지행동치료에서는 다른 많은 치료적 접근 방법들과 비슷하게 협력적인 치료 관계 형성을 중시한다. 내담자를 그 자체로 존중하고 수용하려는 치료자의 태도와 내담자를 평등한 동반자이자 협동적인 팀의 일원(Feather & Ronan, 2010/2012)으로 바라보는 인지행동적 관점 속에는, 권위적인 치료자와 수동적인 내담자의 틀에서 벗어나 좀 더 평등한 관계 속에서 치료 작업을 해 나가려는 철학적 입장이 담겨 있다.

하지만 학대받은 아동과 평등하고 협력적인 치료 관계를 형성하려는 임상가의 노력은 예상치 않은 장애물에 부딪칠 수 있다. 학대 피해 아동의 경우, 중요한 타인과의 관계에서 겪은 지속적인 외상 경험 때문에 대인 관계와 관련된 영역에서 핵심적인 갈등을 가지고 있는 경우가 많다. 애착과 관련된 피해 아동의 내적 갈등은 치료 관계에도 전이되어 나타나는 경우가 자주 있다.

어떤 아동은 치료자에게 언어나 행동을 통해 공격성을 직접적으로 드러내고, 또 어떤 아동은 처음 만난 치료자에게 거리낌 없이 신체적 접촉을 하고 의존적인 모습을 보인다. 또 다른 아동은 마치 치료자가 없다는 듯이 치료자의 존재를 상관하지 않고 자기 활동에만 몰두하기도 한다. 전통적인 인지행동치료에서 비교적 쉽게 해결되는 문제로 생각했던 치료적 관계 형성이, 피해 아동과의 인지행동치료 과정에서는 쉽지 않은 난제가 될 수 있다.

피해 아동과의 관계는 치료자에게도 역전이 반응과 함께 상당한 부담감을 안겨 줄 수 있다. 치료자는 치료 과정에서 피해 아동이 겪은 끔찍한 사건들과 그에 따른 심리적 고통에 접하게 되면서 아동이 겪는 강렬한 수준의 불안, 두려움, 분노의 감정에 노출된다. 이러한 감정들을 제대로 소화해 내지 못할 때 치료자는 구원의 환상에 사로잡혀 치료공간이라는 경계를 넘어서 피해 아동의 현실 삶에 직접 개입하려고 시도할 위험이 있다.

3. 경험 기반 치료

인지행동치료는 증상 및 행동 변화에 초점을 둔 단기간의 치료 매뉴얼을 만들고, 그것의 효과성 및 효율성을 경험적으로 검증하는 방법을 통해 경험적인 근거들을 쌓아 왔다. 우울장애나 불안장애를 가진 아동·청소년(Compton, March, Brent, Albano, Weersing, & Curry, 2004)뿐만 아니라, 성학대를 받은 아동(Cohen, Deblinger, Mannarino, & Steer, 2004; Deblinger, Lippman, & Steer, 1996; Deblinger, Steer, & Lippman, 1999), 신체학대를 받은 아동(Kolko, 1996; Swenson & Brown, 1999)의 경우에도 인지행동치료의 효과성이 확인되었다. 인지행동치료는 경험적 연구에 기반을 둠으로써 치료 이론을 과학적으로 검증하고 발전시켜 나갈 수 있다는 장점을 가지고 있다.

4. 대처 기술의 습득

인지행동치료에서는 대처 기술의 습득을 중요시한다. 이는 내담자의 적응 문제가 외부의 요구에 효율적으로 대처하는 능력이 부족한 탓일 수 있기 때문이다. 과거의 외상과 관련된 생각과 감정을 치료적으로 다루고 처리했다고 할지라도 적절한 대처 능력이 결핍되어 있을 경우에는, 비슷한 위험 상황에 처했을 때 다시금 어려움을 겪게 될 위험이 높다. 효과적인 대처 능력의 습득은 치료 종결 이후에 증상이 다시 악화되는 것을 막고 심리적 건강을 유지하는 데 매우 중요하다.

방임이나 적절한 양육의 부재, 학대의 영향에 의해 피해 아동은 사회적 대처 기술이나 감정 조절 능력, 위험 상황에서의 개인 안전 기술 등을 충분히 습득하지 못했을 수 있다. 그러므로 피해 아동에 대한 치료 과정에서는 대처 능력을 향상시키는 부분을 꼭 포함할 필요가 있다.

5. 노출 치료

노출 치료는 외상 후 스트레스 장애뿐만 아니라 사회불안장애나 강박장애, 범불안장애와 같이 공포와 불안이 주된 증상인 심리장애에서 특히 효과적이라는 사실이 많은 연구에 의해 확인되었으며, 노출 치료의 효과성에 대해서는 치료자들 사이에서 별다른 이견이 없다. 노출 치료는 상황에 맞지 않는 과도한 정서적 반응이나 부적응적인 반응을 보이는 내담자에게 실시될 수 있다. 파머와 채프먼 (Farmer & Chapman, 2008/2013)에 따르면, 노출 치료는 "내담자에게 정서 유발 자극을 계속 노출하고, 정서 일관적 반응(예: 회피, 도피 행동)은 금지시키며, 노출 과정 동안에 부정적 결과가 나타나지 않도록 한다."(p. 338) 노출 과정을 통해 회피 행동에 따른 불안의 감소라는 부적 강화가 차단됨으로써 중성 자극에 연합된 공포 반응이 자연스럽게 소거될 수 있다. 또한 노출 치료 과정에서 외상적 경험과 연합되어 있는 불안 유발 자극들을 치료 장면이나 공감적이고 지지적인 치료자의 모습 등과 새롭게 연합할 기회를 가지게 된다.

지속 노출(prolonged exposure)의 단독 시행만으로도 불안을 줄이는 데 효과적이라는 연구결과가 존재하지만(Foa, Rothbaum, Riggs, & Murdock, 1991; Marks, Lovell, Noshirvani, Livanou, & Thrasher, 1998), 불안을 감내하는 능력이 부족한 아동의 특성을 고려했을 때 지속 노출은 치료에 대한 저항을 불러일으킬 수 있다. 따라서 학대 피해 아동에 대한 노출 치료의 경우, 안전한 환경에서 점차 불안 유발 자극의 수위를 올려 가는 점진적 노출이 보다 효과적일 수 있다. 다음에서는 학대 아동에 대한 치료에 점진적 노출 치료를 적용한 디블링거와 헤플린(Deblinger & Heflin, 1996)의 모델에 대해 자세히 알아본다.

6. 점진적 노출 치료 모델

디블링거와 헤플린(1996)은 성학대 피해 아동에 대한 인지행동 치료 매뉴얼을 만들었다. 이들의 치료 모형은 피해 아동과 비가해자 부모에 대한 개입으로 구성되어 있다. 피해 아동에 대한 치료 개입은 대처 기술 훈련, 점진적 노출 및 인지적·정서적 처리, 심리교육으로 구성되어 있다. 이를 자세히 살펴보면 다음과 같다.

먼저, 대처 기술 훈련은 "학대에 대한 반응으로 피해 아동이 경험할 수 있는 다양한 범위의 감정에 대처할 수 있도록 돕는 기술"(p. 51)을 제공하는 것에 중점을 두고 있다. 대처 기술 훈련은 대체로 치료 초반에 실시하는데, 이 부분에 대한 작업이 다음 단계인 점진적 노출 및 인지적·정서적 처리가 효과적으로 이루어지는 데 중요한 역할을 하기 때문이다. 외상 후 스트레스 장애의 핵심 증상 중 하나가 외상 관련 단서에 대한 인지적·정서적 회피임을 고려할 때, 부정적인 생각이나 감정에 대한 대처 능력의 향상은 불안 유발 자극에 대한 압도감과 불안감을 줄여 줌으로써 노출 치료를 보다 용이하게 하는 데 도움이 된다.

대처 기술 훈련은 정서 표현 기술, 인지적 대처 기술 그리고 긴장 이완 훈련으로 구성되어 있다. 첫째, 정서 표현 기술은 감정 단어 익히기, 다른 사람의 감정 확인하기, 아동 자신의 감정 확인하기, 감정을 표현하는 효과적인 방법 개발하기, 분노에 효과적으로 대처하기로 이루어져 있다. 둘째, 인지적 대처 기술은 사고-감정-행동 사이의 상호관계, 생각의 변화에 따른 감정의 변화 확인, 부정

적인 사고 논박하기, 절친 역할 놀이(best friend role play)로 이루어
져 있다. 특히, 절친 역할 놀이는 내담자가 가지고 있는 부적응적
인 사고를 내담자의 절친(best friend)이 가지고 있다고 가정하고,
그것이 사실이 아니라는 것을 절친에게 납득시키는 활동으로 되어
있다. 이를 통해 부정적인 사고에 대해 거리를 두고, 그것을 객관적
으로 볼 수 있도록 돕는다. 셋째, 긴장 이완 훈련에서는 아동의 발
달 수준에 맞추어 다양한 비유를 통해 긴장한 상태와 이완된 상태
를 구분하도록 돕고, 다양한 상황에서 활용할 수 있는 긴장 이완 방
법을 가르친다.

다음으로, 점진적 노출은 학대 관련 기억과 사고 및 촉발 단서 등
과 정서적 고통 사이의 연합을 끊는 것을 목적으로 한다. 피해 아동
은 학대와 관련된 이야기나 생각을 피함으로써 정서적 고통을 줄이
려고 하지만, 이는 의도치 않게 학대 기억과 관련된 두렵고 불안한
감정을 더욱 증폭시키는 역할을 한다. 하지만 학대와 관련된 기억
이나 생각에 직접적으로 직면하는 것은 피해 아동에게 더욱 어려운
일이다. 다시 말해, 학대 기억에 대해 회피함으로써 학대 기억과 연
합된 불안이 더욱 가중되고, 이것이 다시 회피로 이어지는 악순환
속에서 여러 가지 외상 후 증상들이 나타나게 된다. 이를 막기 위해
약한 불안감을 유발하는 학대 관련 자극에서 시작하여 점차 더 큰
불안감을 유발하는 학대 관련 자극으로 노출의 강도를 변화시키는
점진적 노출을 실시하고 있다.

점진적 노출치료를 통해 학대 기억과 관련된 정서적 회피가 줄어
든 다음에는 학대와 결부된 정서와 인지에 대한 처리 단계로 넘어
간다. 피해 아동은 자신이 겪은 학대 경험과 관련하여 부적응적 사

고를 가지고 있을 수 있다. 예를 들어, 학대의 원인과 책임을 자신에게 돌리거나 신체적 학대나 성적 학대 행위를 '사랑'의 일환으로 잘못 이해하고 있을 수도 있다. 학대로 인해 자신의 몸에 돌이킬 수 없는 엄청난 결함이 생겼다고 여기고, 이에 대해 반추하고 있을 수도 있다. 이러한 귀인과 해석은 관련된 정보가 부족한 상황에서 아동 자신이 나름대로 만들어 낸 것일 수도 있고, 학대 행위자의 생각을 아동이 내면화한 것일 수도 있다. 이러한 역기능적인 생각은 이후의 적응에 지속적인 악영향을 끼칠 수 있다.

따라서 학대와 관련하여 가지고 있는 역기능적인 생각을 탐색하고 명료화한 이후에 이것을 보다 적응적인 생각으로 수정하는 작업은 매우 중요하다. 학대와 관련된 감정 역시 중요하다. 학대 사건과 관련된 수치심과 죄책감, 분노감 등은 오랫동안 내담자의 마음을 고통스럽게 할 수 있다. 이에 디블링거와 헤플린(1996)은 학대와 관련하여 피해 아동이 가지고 있는 역기능적인 사고와 감정을 확인하고 처리하는 것을 돕는 여러 가지 활동을 소개하고 있다.

마지막으로, 학대와 관련된 기본적 정보 제공, 건강한 성에 대한 교육, 개인 안전 기술 교육 등으로 구성된 심리 교육을 피해 아동에 대한 치료 모델에 포함하고 있다. 이를 통해 피해 아동이 자신이 겪은 경험들을 객관적으로 이해하고, 건강한 성(sexuality)과 건강하지 않은 성을 구분할 수 있도록 돕는다. 그리고 개인 안전 기술을 통해 미래에 발생할지 모르는 잠재적인 학대 위험에 대비하도록 하고 있다. 개인 안전 기술은 자기 신체가 자신의 것이라는 신체적 소유권에 대한 교육, 괜찮은 접촉과 괜찮지 않은 접촉에 대한 구분, 싫다고 말할 권리, 도망치기, 누군가에게 도움을 요청하기, 지켜야

대처 기술 훈련	점진적 노출 및 인지적 · 정서적 처리	심리교육
• 정서 표현 기술 • 인지적 대처 기술 • 긴장 이완 훈련 기술	• 학대 경험에 대한 점진적 노출 • 학대 경험의 인지적 처리 • 학대 경험의 정서적 처리	• 성학대에 대한 정보 제공 • 건강한 성에 대한 교육 • 개인 안전 기술 교육

[그림 3-1] 디블링거와 헤플린(1996)의 점진적 노출 치료 모델

할 비밀과 밝혀야 할 비밀을 구분하기, 가해자와 다시 만나는 상황을 준비하기 등을 포함하고 있다.

제4장부터는 점진적 노출 치료를 바탕으로 하여 학대 피해 아동 · 청소년의 학대 기억에 대한 노출 치료에 중점을 둔 인지행동치료 방법을 소개한다.

제4장
학대 관련 교육

1. 학대와 학대가 아닌 행동 구분하기

2. 간접 자료를 통한 학대 관련 교육

3. 유엔아동권리협약을 통한 아동의 인권 교육

> 19조: 우리의 부모님이나 보호자가 정신적·신체적으로 우리에게 폭력을 쓰
> 거나 학대하거나 돌보지 않고 방치하는 일이 없도록 정부는 모든 노력을
> 해야 합니다.
> 31조: 우리는 충분히 쉬고 놀 권리가 있습니다.
> 39조: 우리가 학대받거나 버려지거나 고문을 당했거나 전쟁 중에 고통받은 경
> 우, 정부는 우리가 몸과 마음을 회복할 수 있도록 모든 노력을 해야 합
> 니다.
> – 유엔아동권리협약(UNICEF)

학대받은 많은 아동이 학대의 발생 원인을 자신에게 돌리고 스스로를 비판한다. 학대를 받았다는 사실에 대해 수치심을 느끼고, 자신만 다른 아이들과 다르다고 생각하면서 소외감과 단절감을 경험하기도 한다. 또한 사람들이 자신을 믿어 주지 않을 것이라 생각하고, 자신 역시 다른 사람을 믿어서는 안 된다고 생각하는 경우가 자주 있다.

학대에 대한 정확한 정보의 제공과 아동의 기본적 인권에 대한 교육은 학대의 책임이 어디에 있는지를 분명히 하는 데 도움이 된다. 또한 학대받은 다른 아동의 이야기를 접하는 것은 피해 아동이 가진 사회적 단절감과 고립감을 줄이는 데 도움이 된다. 피해 아동은 다른 피해 아동의 상황을 접하면서 자신만이 그런 경험을 겪는 것이 아니라는 점을 알게 된다. 또한 자신이 직접 겪은 학대 사건에 대해서 말하는 것은 대체로 어려워하지만, 다른 사람이 겪은 학대

에 대해서는 보다 편하게 이야기를 하는 편이다.

이 장에서는 먼저 적절한 양육 행동과 학대 행위를 구분하도록 돕는 활동을 설명한다. 다음으로, 학대를 겪는 아동에 대한 애니메이션과 학대 관련 삽화를 활용하는 방법을 소개한다. 마지막으로, 유엔아동권리협약교육을 통해 아동이 누려야 할 기본적인 권리를 알아본다.

아동·청소년 내담자는 치료자 역시 어른이기 때문에 학대 행위자와 비슷한 생각이나 태도를 가지고 있을지 모른다고 염려할 수 있다. 때문에 학대 행위자에 대한 감정이 치료자에게 전이되어 치료자도 자신을 비난하거나 공격할지 모른다는 불안감을 경험할 수도 있다. 실제로, 어린 시절 부모와의 관계에서 어려움을 겪었던 아동·청소년이 상담을 하여 심리 상태가 어느 정도 좋아지고 난 다음 필자에게 "선생님은 아이에게 공부를 강요하면 안 돼요."라거나 "꼭 아이랑 많이 놀아 주셔야 해요."라고 진지하게 충고를 하기도 한다. 이는 내담자가 무의식적으로 부모의 모습을 치료자에게 투사해서 치료자 역시 자신의 부모와 비슷하게 행동할 것이라는 생각을 은연중에 가지고 있음을 보여 준다.

학대 관련 교육은 치료자에 대한 피해 아동의 근거 없는 불안과 의심을 줄이는 데 도움이 된다. 치료자가 애니메이션이나 삽화에 나오는 학대받은 아동에 대해 공감적이고 이해심 깊은 태도를 보일 때 치료자를 향한 내담자의 비합리적인 두려움이 줄어들 수 있다.

부모로부터 학대를 받은 경우 아동은 한편으로는 학대 행위자의 학대에 대해 반감을 가지지만, 다른 한편으로는 학대 상황에 익숙해져 학대 행위자가 자녀를 교육하거나 대인 간 갈등을 해결할 때 폭력을 행사하는 것을 당연하게 생각할 수 있다. 또한 피해 아동은 단순히 피해자 역할만을 해 온 것이 아니라 보다 약한 다른 아동(예: 동생, 같은 반 또래)에게 폭력을 행사해 왔을 수도 있다. 이러한 부분을 다루기 위해서도 아동의 기본적 권리와 폭력에 대한 교육이 필요하다. 이를 위해 아동의 눈높이에 맞추어 쉽게 풀어 쓴 '유엔아동권리협약'을 보여 주거나, 아동학대와 관련된 국내법을 설명해 주는 것이 도움이 될 수 있다. 이러한 정보들은 무엇이 옳고 그른지를 판단하는 기본적인 잣대가 되어 줄 수 있다.

'사랑의 매' '맞고 자란 아이가 나중에 효도한다.' '때리는 것이 한국적인 교육방식이고 관행이다.' 와 같은 잘못된 사회적 통념 때문에 우리 사회에서는 부모의 신체적 학대 행위를 교육의 일환으로 관대하게 받아들이는 경향이 있다. 부모로부터 학대를 받은 아동 역시 부모의 학대 행위가 옳은 것인지 틀린 것인지 헷갈릴 수 있다. 학대에 대한 정확한 교육은 피해 아동의 자책감과 죄책감을 줄여 주고, 학대 행위자에 대한 정당한 분노감을 가지도록 하는 데 도움이 된다. 정당한 분노감을 표현하고 자신의 권리를 주장하는 것이 치유 과정에서 중요한 이유를 영, 클로스코 및 바이샤르(Young, Klosko, & Weishaar, 2003/2005, p. 167)는 다음과 같이 설명하고 있다.

왜 내담자가 (상담 장면에서) 부모에게 화를 내 보는 것이 필요할까? 화를 내 보는 것이 카타르시스를 경험하게 해 주며 그것만으로도 가치는 있지만, 그렇다고 그게 전부는 아니다. 보다 중요한 목적은 내담자에게 심리 도식에 맞서 싸우고 심리 도식으로부터 거리를 둘 수 있는 힘을 심어 주는 것이다. 분노를 표현하고 공격적인 부모에 대항하여 자신의 권리를 주장하는 것은 힘을 기르는 것이다. 분노는 심리 도식에 맞설 수 있는 정서적 힘을 제공해 준다. 심리 도식은 잘못 돌아가고 있는 세상을 표상해 준다. 분노는 이를 바로잡아 준다. "당신이 나를 더 이상 학대하게 내버려 두지 않을 거야." "당신이 나를 비난하게 내버려 두지 않을 거야." "당신이 나를 맘대로 하게 내버려 두지 않을 거야." "나는 사랑이 필요했는데 당신은 사랑해 주지 않았어." "나는 화낼 권리가 있어." 또는 "나는 독립된 인격체로서 권리가 있어."라고 내담자들이 말할 때 그들은 소생하는 듯하고 자기가치감이 채워지는 듯한 느낌을 받는다. 그들은 인간으로서 자신의 권리를 긍정하게 된다. 그들은 어릴 때 자신들이 받았던 대우가 부당했으며, 자신들은 더 좋은 대우를 받았어야 했다고 주장한다.

치료자가 내담자에게 심어 주기 위해서 노력하는 것은 기본적인 인권에 대한 당당함이다. 치료자는 내담자에게 아이들의 보편적인 욕구와 기본적인 권리가 무엇인지에 대해서 교육해야 한다.

1. 학대와 학대가 아닌 행동 구분하기

이 활동은 셀라노, 하자드, 시몬스 및 웹(Celano, Hazzard, Simmons,

& Webb, 1991)이 성학대 피해자들을 대상으로 만든 '학대에서 회복하자(Recovering From Abuse Project)'의 5회기에 나온 내용을 일반적인 학대 상황에 맞게 내용을 수정하여 다시 만든 것이다.

첫째, 신체적 학대, 정서적 학대, 성적 학대 그리고 방임의 의미에 대해 내담자에게 설명을 하거나 또는 내담자의 눈높이에 맞게 쓰인 팸플릿 자료 등을 제공하고 이를 같이 읽어 본다.

둘째, 정상적인 양육 상황과 학대 상황이 적힌 카드를 섞어서 내담자에게 제시한다. 그리고 내담자로 하여금 한 장씩 뽑아서 소리 내어 읽게 한다. 그리고 거기에 적힌 내용이 학대에 속하는지 그렇지 않은지를 판단하게 한다. 내담자가 대답을 하고 나면 그 이유를 물어본다. 적절히 답했을 경우에는 칭찬을 해 주고, 잘 모르거나 틀리게 생각하고 있는 경우에는 소크라테스식 문답을 통해 같이 답을 찾아가거나 또는 내담자의 눈높이에 맞게 설명해 준다['학대에서 회복하자'에서는 내담자가 카드를 '학대(abuse)'라고 적힌 봉투와 '학대 아님(not abuse)'이라고 적힌 봉투로 분류하게 하는 방법을 사용했다.]. 〈표 4-1〉에 제시한 카드 외에도 내담자의 상황이나 필요에 맞게 다양한 내용이 담긴 카드를 직접 만들 수 있다.

셋째, 내담자에게 [그림 4-1]을 제시하고 빈칸을 채워 보는 활동을 통해 학대에 대한 교육을 실시할 수 있다.

〈표 4-1〉 학대와 양육을 구분하기 위한 상황 카드

철수는 팽이치기를 하고 놀다가 실수로 창문을 깨뜨렸다. 시장에서 돌아온 엄마는 이것을 보고 철수에게 화를 내며 3일 동안 밥을 못 먹게 했다.	영희는 저녁 9시까지 집에 들어오기로 아버지랑 약속했다. 그런데 그 약속을 어기고 밤 12시에 집에 들어왔다. 아빠는 벌로 영희가 이틀간 스마트폰을 사용하지 못하게 했다.	민수 아빠는 민수에게 쓰레기를 갖다 버리라고 말했다. 민수는 "좀 있다 버릴게요."라고 말하고는 계속 게임을 했다. 아빠는 화가 나서 민수의 뺨을 5대 때렸다.	수진이는 이번 시험에서 성적이 30점 떨어졌다. 수진이 엄마는 화가 나서 "넌 내 자식이 아니야."라고 이야기하고, 밤새 수진이를 집 밖으로 내쫓았다.
민희는 친구와 놀기 위해 학원을 빠졌다. 그 일을 알게 된 엄마는 벌로 주말에 나가 놀지 못하게 했다.	횡단보도에서 빨간 불인데 강철이가 무단 횡단을 했다. 이를 본 아빠가 큰 소리로 매우 엄하게 강철이를 나무랐다.	소연이가 빨리 걷지 않는다고 엄마가 계단에서 소연이를 밀었다.	착한 아이가 되기 위해서는 부모에게 자주 매를 맞아야 한다.
부모가 자식을 심하게 때리는 것은 자식을 사랑하기 때문이다.	심한 몸살에 걸리고 코에서 계속 피가 흐르는데 엄마는 그냥 참으라고 하고 병원에 데려가지 않았다.	내가 동생을 때렸다고 아빠는 나에게 반성하라고 하면서 생각의자에 30분 동안 앉아 있게 했다.	경아가 방 청소를 하지 않았다고 아빠가 술을 마시고 들어와서 경아의 중요한 부분을 만졌다.

아동학대는 보호자를 포함한 어른이 아동의 건강이나 행복을 해치거나 건강하게 자라는 것을 막는 행동을 말합니다. 여기에는 아동에게 가혹한 행위를 하거나, 폭력을 쓰거나, 마음에 상처를 주거나, 성적 폭력을 하는 것이 포함됩니다. 아동을 버리거나 방치하는

것도 아동학대에 해당합니다. 이런 행동은 법에 의해 금지되어 있습니다.

다음에 나와 있는 벌집에는 몇 가지 학대 행동의 예가 적혀 있습니다. 또 다른 학대 행동을 찾아서 빈 벌집을 채워 봅시다.

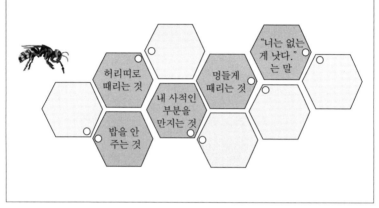

[그림 4-1] 학대행동 찾기 활동

2. 간접 자료를 통한 학대 관련 교육

학대와 관련된 애니메이션이나 삽화 등을 내담자와 함께 보고, 여기에 나온 피해 아동의 감정과 생각에 대해 내담자와 논의한다. 이를 통해 학대에 대한 생각이나 감정을 자연스럽게 표현할 수 있게 돕는다.

1) 애니메이션 시청

첫째, 단편 애니메이션인 〈후나스와 리사〉(자벨 꼬떼, 다니엘 쇼르, 1995)를 함께 시청한다. 필요한 경우 적당한 다른 작품으로 대신해도 좋다. 이 애니메이션의 줄거리는 다음과 같다.

> 오빠인 후나스와 여동생인 리사는 부모와 함께 행복하게 살고 있었다. 그런데 아버지가 사고로 죽고 새로 의붓아버지가 들어온다. 의붓아버지는 일을 안 하고 술만 먹으면서 후나스가 벌어 온 돈을 빼앗는다. 후나스는 이를 견디다 못해 집을 가출한다. 리사는 오빠와 가출하려고 하지만 의붓아버지와 어머니 사이에 태어난 아기가 마음에 걸려 집에 남는다.

둘째, 애니메이션을 시청하고 다음 부분에 대해 내담자와 이야기할 수 있다.

- 후나스와 리사의 아빠는 어떤 사람이지?
- 후나스는 왜 집을 나갔을까? 리사는 왜 오빠를 따라가지 않았을까?
- 네가 후나스(혹은 리사)라면 어떻게 행동했겠니?
- 이와 비슷한 일을 겪어 본 적이 있니?

셋째, 〈표 4-2〉를 내담자에게 주고, 후나스와 리사의 아빠가 했

<표 4-2> 애니메이션에 나온 아버지의 행동 찾기

아이를 손으로 때렸다.	아이를 발로 찼다.	아이를 밀어서 넘어뜨렸다.
아이에게 물건을 던졌다.	아이를 며칠 동안 방에 가두었다.	술을 마시고 아이에게 심한 매질을 했다.
아이를 죽이겠다고 위협했다.	아이에게 밥을 안 줬다.	아플 때 돌봐 주지 않았다.
이유 없이 괴롭혔다.		

던 잘못된 행동에 대해 동그라미를 쳐 보게 한다. 추가할 내용이 있으면 빈칸에 적게 한다.

넷째, 방금 본 애니메이션 중 인상 깊은 내용을 그림으로 표현하도록 한다. 이 과정에서 그림으로 그린 후나스와 리사에게 말풍선을 달아 주고, 어떤 말이나 생각을 할 것 같은지 적어 보게 한다. 그리고 내담자 자신의 모습을 그리게 한 다음, 후나스나 리사에게 해주고 싶은 말을 말풍선에 적어 보게 한다. 다음은 저자가 초등학생 내담자와 〈후나스와 리사〉를 보면서 진행했던 상담 내용과 그때 그렸던 내담자의 그림이다(그림 4-2).

저자: 만화 보면서 어떤 생각했어?

아동: 몰라.

저자: 떠오르는 것 있니?

아동: 아니요. 모르겠어요.

저자: (표를 보여 주며) 이것은 부모가 아이에게 결코 하면 안 되는

일이야.

아동: (표를 하나씩 읽음)

저자: 이것은 부모가 아이에게 결코 해서는 안 되는 행동이야. 이 중
의 하나라도.

아동: (옆에 있는 공룡 인형을 들고) 공룡 같은 것은 먹어야 돼. 크니
까. (그리고 나서 인간이 공룡을 먹는 시늉을 함)

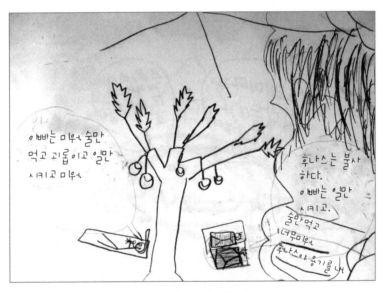

[그림 4-2] 애니메이션에 대한 아동의 그림

내담자는 후나스가 가출해서 바닷가에 누워 있는 모습을 그렸다(나무 왼쪽 부분). 그
림을 자세히 보면 돗자리 위에 누워 있는 아이의 옆에 조그만 강아지도 함께 보인
다. 저자가 후나스의 모습 위에 말풍선을 그려 주자, 내담자는 "아빠는 미워. 술만
먹고 괴롭이고(괴롭히고) 일만 시키고 미워."라고 적었다. 저자는 내담자에게 "우리
도 그 바닷가에 가 보자."라고 말한 뒤, 같은 바닷가에 누워 있는 내담자와 저자의
모습을 상상해서 그려 보게 했다(나무 오른쪽 부분). 내담자가 그린 그림에 저자가
말풍선을 그려 주자, 내담자는 "후나스는 불사하다(불쌍하다). 아빠는 일만 시키고,"
라고 적었다. 저자는 "후나스야 용기를 내."라고 적었다.

저자: 아까 후나스 아빠가 나쁜 행동을 몇 개나 했어?

아동: 9개.

저자: 이것은 하나도 하면 안 되는데 9개나 했으니까 매우 나쁘다.

아동: 우리 엄마도 그런 적 있는데.

저자: 그래?

아동: 네. (침묵)

저자: (사인펜을 보여 주며) 여기서 아무 색깔이나 골라봐. (아동이 사인펜을 하나 고른다.) 골랐으면 여기서 엄마가 했던 행동에 동그라미를 쳐 볼래? (아동은 어머니가 했던 학대 행동을 목록에서 체크한다.)

아동: (체크하면서) 때렸다. 이거 빗자루로 종아리를 맞았는데요. 발로 찼는데요, 막 부서졌어요.

저자: 옆에 있는 물건이?

아동: 빗자루가 부서졌다고요. 종아리 맞다가.

저자: 많이 아프고 무서웠겠다.

아동: 무서웠어요. (계속 문항을 읽으며 체크하고, 다 체크한 뒤에 몇 개나 체크했는지 세어 본 뒤 10개라고 적는다.) 밥을 안 줘서 바깥에서 빵 사 먹었어요. 학교도 안 보내 주고 그랬어요. 술병 던져서 맞아서 병원 갔어요. (표 옆의 빈칸에 엄마의 모습을 그리면서 혼잣말로 말한다.) 엄마는 무릎 꿇고 있다. 엄마는 너무 하셨다.

다음은 다른 초등학생 내담자와 이 부분을 진행하면서 했던 대화 내용이다.

아동: 술 먹으면 일단 제정신이 아니고, 판단 능력을 잃어.

저자: 음, 판단력이 흐려지면 어떻게 되는데?

아동: 아이가 조금이라도 잘못한 것 같이 생각하면, 말을 실수를 했다 그러면, 술을 안 먹었을 때는 이것은 말실수라고 판단하는데, 술 먹으면 판단이 왔다 갔다 해. 그러니까 앉아 가지고 이놈이 나한테 욕하는 거라고 알아. 판단 능력이 떨어져서 막 때리고.

저자: 자식이 한 말인데. 보통 때면 넘길 수 있는 말인데. 술 먹고 나면.

아동: 판단력이 떨어져서 기분이 나쁘게 느껴져서 그런 것도 못 느끼고. 이게 나쁜 게 아닌데 좋은 말도 나쁘게 알아듣고.

저자: 예를 들어 어떤 게 있을까?

아동: (오랜 침묵) 그냥 별거 아닌데. (침묵) 원래 아버지라고 불렀는데, 어느 날 다른 사람이 아빠라고 불러서 나도 한 번 아빠라고 불렀는데, 그때 마침 술 드셨는데, 판단력이 떨어져서 나쁜 말인 줄 알고 나를 때렸다.

저자: 아빠라고 부르는 것은 친근감 있는 말이잖아.

아동: 아버지는 높이는 거고. 근데 높이는 말보다는 친근감 있는 말이 좋잖아요. (소리 없이 눈물을 계속 흘리면서 손가락으로 눈물을 닦는다.)

저자: 그래……. (침묵) 그래…….

2) 학대 관련 삽화의 사용

학대와 관련된 삽화를 같이 읽고, 글 속에 나오는 아동이 느꼈을 감정과 생각을 찾아보는 활동을 할 수 있다. 어린 아동의 경우, 감정 표현이 담긴 얼굴이나 감정 단어 목록을 제시하고 거기에서 골라 보게 한다. 삽화에 나오는 주인공을 그림으로 그려 보게 하고, 그 주인공의 생각을 말풍선으로 표현하게 할 수도 있다. 어린 아동인 경우, 로웬스타인의 책(Lowenstein, 1999)에 실린 자료를 활용하거나 아동의 상황에 맞게 치료자가 동화를 각색하거나 새로 만들수도 있다. 보다 나이 많은 아동이나 청소년의 경우에는 연령대에 맞는 이야기를 찾아서 활용하는 것이 좋다. 이호철의 책『학대받는 아이들』(1999) 속에는 아동·청소년들이 겪는 학대 경험에 대한 생생한 이야기들이 담겨 있는데, 치료 과정에서 유용하게 사용할 수 있을 것이다. 다음은 어린 아동에게 사용할 수 있는 삽화의 예를 소개하고 있다.

꼬마 돼지는 집에 가면 보다 조용한 자기 방에서 있으려고 했지만 싸우는 소리는 다 들렸어요. 문을 꽝 닫는 소리도 들리고, 크게 탕 하고 깨지는 소리도 들렸어요. 그러고 나면 엄마가 우는 소리가 들리곤 했어요. 이 때문에 꼬마 돼지의 기분은 매우 _____ 했어요. 꼬마 돼지는 이러한 문제에 대해 함께 이야기할 사람이 있으면 좋겠다고 생각했어요. 그래서 다음 날 쿠키와 만나서 놀곤 하던 건초 더미로 가는 대신에 _____에게 이야기를 하기 위해 찾아갔어요. 정확히 무엇을 말해야 할지 확신이 없었지만 용기를 내서 _____을 말했어요. (Lowenstein, 1999, p. 42)

3. 유엔아동권리협약을 통한 아동의 인권 교육

쉽게 쓴 '유엔아동권리협약'을 아동·청소년에게 보여 주면서 아동이 당연히 누려야 할 기본적 권리에 대해 간단히 설명해 준다. 아동의 경우 '권리'라는 말의 의미를 잘 모르는 경우가 많은데, 아동의 수준에 맞게 권리의 의미를 잘 풀어서 말해 준다. 유엔아동권리협약은 이후의 점진적 노출 과정에서 학대 행위자의 행동이 왜 잘못된 것인지를 판단하는 기준의 역할을 할 수 있다. 실제로, 저자가 상담했던 한 아동은 치료 초기에 "저를 똑바로 키우기 위해 부모님이 그렇게 한(저를 때리신) 거예요. 부모님 덕분에 저는 그래도 똑바른 사람이 된 것 같아요."라고 말하며 학대 행위자인 부모의 심한 학대 행위를 옹호하였다. 그러나 이 아동은 여러 번 기절할 정도로 학대 행위자에게 심한 신체적 학대를 받았었다. 나중에 이 아동은 점진적 노출 회기에서 학대 행위자가 했던 신체적 학대에 대해 분노감을 표현하면서 "전에 같이 읽었던 거(유엔아동권리협약) 있잖아요. 거기에 아동을 그렇게 때리는 건 안 된다고 나와 있었어요."라고 말했다. 다음에서는 유엔아동권리협약을 가지고 할 수 있는 활동과 쉽게 풀어 쓴 유엔아동권리협약을 소개한다.

첫째, 내담자에게 유엔아동권리협약을 소개한다. 아동이 초등학교 고학년 이상일 경우에는 유니세프(UNICEF)에서 발행한 팸플릿[1]

---

1) 유니세프 한국위원회의 홈페이지(www.unicef.or.kr)에 가면 유엔아동권리협

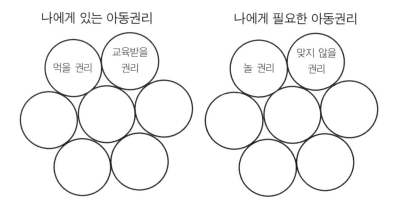

[그림 4-3] 나에게 있는 권리와 없지만 필요한 권리

을 보여 주고 같이 살펴볼 수 있다. 아동이 초등학교 저학년인 경우에는 유엔아동권리협약 중 일부만을 따로 간단하게 편집하여 소개할 수도 있다.

둘째, [그림 4-3]을 내담자에게 제시하고, 자신이 잘 누리고 있는 아동의 권리와 자신에게 부족하거나 누리지 못하는 아동의 권리를 그림에 적어 보도록 한다. 내용을 모두 적기보다는 내용을 요약해서 적거나(예: '27조 제대로 먹을 권리' '31조 놀 권리') 또는 해당되는 조항의 숫자(예: '27조' '31조')만을 적도록 한다.

셋째, 아동이 적은 내용을 같이 살펴보고 논의한다.

약 팸플릿을 구할 수 있다. 참고자료에 실린 '유엔아동권리협약' 역시 이 홈페이지에 실려 있다.

〈**참고자료**〉 유엔아동권리협약

　1989년 11월 20일 유엔이 채택한 어린이 권리조약으로 우리나라를 포함한 전 세계 192개국이 이 협약을 지킬 것을 약속했습니다. 유엔아동권리협약은 건강하게 자랄 권리, 교육받을 권리, 놀 권리 등 어린이가 누려야 할 권리를 모두 담고 있으며, 각 나라의 어린이 상황을 개선하는 기반이 되고 있습니다. 전문과 54개 조항으로 구성되어 있으며, 1조부터 40조까지는 실제적인 아동권리의 내용을 담고 있습니다.

1조 18세가 안 된 우리 모두는 이 협약에 적힌 권리를 가지고 있습니다.

2조 우리는 절대 차별받아서는 안 됩니다. 우리와 우리의 부모님이 어떤 사람이건, 어떤 인종이건, 어떤 종교를 믿건, 어떤 언어를 사용하건, 부자건 가난하건, 장애가 있건 없건 모두 동등한 권리를 누려야 합니다.

3조 정부나 사회복지기관, 법원 등 우리와 관련된 일을 하는 모든 기관은 우리에게 무엇이 가장 이익이 되는지 그 점을 제일 먼저 생각해야 합니다.

4조 정부는 우리의 권리를 지켜 주기 위해 필요한 모든 일을 해야 합니다.

5조 우리의 부모님이나 우리를 보호하는 다른 어른들은 우리를 지도할 권리와 책임이 있습니다.

6조 우리는 타고난 생명을 보호받고 건강하게 자랄 권리가 있습니다.

7조 우리는 이름과 국적을 가질 권리가 있으며, 부모가 누구인지 알고 부모의 보살핌을 받을 권리가 있습니다.

8조 우리가 이름과 국적 등을 빼앗긴 경우, 정부는 이를 신속하게 다시 찾을 수 있도록 도와주어야 합니다.

9조 부모와 함께 사는 것이 우리에게 나쁜 영향을 미치지 않는 한 우리는 부모님과 함께 살아야 합니다. 어쩔 수 없이 헤어져 살아야 하는 경우 정기적으로 엄마와 아빠를 모두 만날 수 있어야 합니다.

10조 우리가 부모님과 떨어져 다른 나라에 살고 있는 경우, 정부는 우리가 다시 부모님과 함께 살거나 계속 만날 수 있도록 입국이나 출국을 쉽게 허가해 주어야 합니다.

11조 우리를 강제로 외국으로 보내서는 안 됩니다. 그런 경우 정부는 우리가 돌아올 수 있도록 모든 노력을 다해야 합니다.

12조 우리에게 영향을 미치는 문제를 결정할 때 우리는 의견을 말할 권리가 있습니다. 어른들은 우리의 의견에 귀를 기울여야 합니다.

13조 우리는 말이나 글, 예술을 통해 우리의 생각을 표현할 권리가 있으며 국경을 넘어 모든 정보와 생각을 서로 주고받을 수 있는 권리도 있습니다.

14조 우리는 자유롭게 생각하고 우리의 양심에 따라 행동하며 원하는 종교를 가질 수 있어야 합니다.

15조 우리는 모임을 자유롭게 조직할 수 있어야 하며, 우리의 목적을 위해 평화로운 방법으로 모임을 열 수 있어야 합니다.

16조 우리는 사생활을 간섭받지 않아야 합니다. 우리가 주고받는 전화나 메일 등을 다른 사람이 함부로 보아서는 안 됩니다.

17조 우리는 우리에게 도움이 되는 정보를 얻을 수 있어야 합니다. 정부는 해로운 정보로부터 우리를 보호하는 한편 우리에게 유익한 도서의 제작 등을 장려해야 합니다.

18조 부모님은 우리에게 무엇이 필요한지 알고 우리를 잘 기를 책임이 있습니다. 정부는 우리의 부모가 우리를 잘 기를 수 있도록 도와주어야 하며, 특히 맞벌이 부부의 자녀들이 좋은 시설에서 자랄 수 있도록 해 주어야 합니다.

19조 우리의 부모님이나 보호자가 정신적·신체적으로 우리에게 폭력을 쓰거나 학대하거나 돌보지 않고 방치하는 일이 없도록 정부는 모든 노력을 해야 합니다.

20조 부모가 없거나 부모와 함께 사는 것이 우리에게 이롭지 않아서 부모와 헤어져 사는 경우 우리는 특별한 보호와 도움을 받아야 합니다.

21조 우리가 입양되어야 할 때 우리의 입양을 결정하는 곳은 믿을 만한 정부기관이어야 하며, 부모나 친척 등 우리와 관련된 어른들의 동의를 얻어야 합니다.

22조 전쟁이나 자연재해 등으로 난민이 되었을 때 우리는 특별한 보호와 도움을 받아야 하며, 우리가 가족과 헤어졌을 때 우리에게 가족을 찾아 주어야 합니다.

23조 우리의 몸이나 마음에 장애가 있을 때 우리는 특별한 보호를 받아야 합니다.

24조 우리는 건강하게 자랄 권리가 있습니다. 충분한 영양을 섭취하고 깨끗한 물을 얻을 수 있어야 하며, 병원이나 보건소 등에서 치료받을 수 있어야 합니다.

25조: 우리를 잘 보호하고 치료하기 위해 정부가 우리를 특정한 시설에서 키우도록 한 경우 정부는 우리가 어떻게 자라고 있는지 정기적으로 조사해야 합니다.

26조 정부는 우리의 권리를 지켜 줄 수 있는 사회보장제도를 만들어 주어야 합니다.

27조 우리는 제대로 먹고 입고 교육받을 수 있는 생활 수준에서 자라야 합니다.

28조 우리는 교육받을 권리가 있습니다. 초등교육을 무료로 받을 수 있어야 하며, 능력에 맞게 더 높은 교육도 받을 수 있어야 합니다.

29조 우리는 교육을 통해 인격과 재능, 정신적·신체적 능력을 마음껏 개발하고 인권과 자유, 이해와 평화의 정신을 배울 수 있어야 합니다.

30조 소수민족인 우리는 고유의 문화 속에서 우리의 종교를 믿고 우리의 언어를 사용할 권리가 있습니다.

31조 우리는 충분히 쉬고 놀 권리가 있습니다.

32조 우리는 위험하거나 교육에 방해가 되거나 우리의 몸과 마음에 해가 되는 노동을 해서는 안 됩니다.

33조 우리는 마약을 만들고 판매하는 행위에 이용되어서는 안 됩니다.

34조 우리를 성적으로 학대하거나 성과 관련된 활동에 우리를 이용해서는 안 됩니다.

35조 정부는 우리가 유괴를 당하거나 물건처럼 사고 팔리지 않도록 모든 노력을 다해야 합니다.

36조 정부는 우리를 나쁜 방법으로 이용해 우리의 복지를 해치는 어른들의 모든 이기적인 행동으로부터 우리를 보호해야 합니다.

37조 우리에게 사형이나 종신형을 내릴 수 없으며, 우리를 고문해서도 안 됩니다. 우리를 체포하거나 가두는 일은 최후의 방법으로 선택해야 합니다. 우리를 어른 범죄자와 함께 지내게 해서도 안 됩니다.

38조 우리는 전쟁지역에서 특별한 보호를 받아야 하며 15세 미만일 때는 절대 군대에 들어가거나 전투 행위에 참여해서는 안 됩니다.

39조 우리가 학대받거나 버려지거나 고문을 당했거나 전쟁 중에 고통받은 경우 정부는 우리가 몸과 마음을 회복할 수 있도록 모든 노력을 해야 합니다.

40조 범죄혐의를 받은 경우, 변호사의 도움을 받아야 하고 신속하고 공정한 재판을 받아야 합니다. 우리에게 증언이나 자백을 강요해서도 안 됩니다. 재판 과정에서 사생활을 보호받아야 하며 사법절차의 모든 단계를 거쳐야 합니다.

제5장

감정 인식 및 표현의 촉진

제5장 감정 인식 및 표현의 촉진

> 미움이 사람을 병들게 한다는 말은 사실이 아니다. 억압당하고 분열당한 미움
> 은 사람을 병들게 할 수 있지만 의식 속에서 경험하여 표현해 버린 감정은 병
> 들게 하지 않는다.
>
> – 밀러(Miller, 2004/2006, p. 127)

　다양한 감정을 인식하고, 이를 표현하거나 조절하는 정서적 능
력의 향상은 학대와 같은 외상을 겪은 아동·청소년의 치료 과정에
서 특히 중요하다. 학대를 받았을 때 피해 아동은 매우 강렬한 감정
을 경험한다. 두려움과 미움, 분노, 공포, 불안, 수치심 등의 감정
이 강렬하게 올라오고, 그 감정은 마치 원색물감이 아무렇게나 뒤
섞여 있는 것처럼 마음 안에서 고통스럽게 뒤엉킨다. 이러한 정서
적 혼란은 아동이 감당하거나 소화해 내기에는 너무 벅차고 고통스
러울 수 있다.

　결국 마음속에서 소용돌이치는 복잡한 감정들을 감당할 수 없게
된 아동은 감정이나 정서를 억누르고 마음의 스위치를 꺼 둠으로써
견딜 수 없는 현실을 견뎌 내려고 시도할 수 있다. 또는 분노나 미
움 같은 감정을 폭발적으로 표현하여 더 아래에 잠재되어 있는 슬
픔, 외로움, 불안 같은 취약한 감정을 덮으려고 노력할 수 있다. 감
정에 대한 차단이나 억압 혹은 행동화는 있는 그대로의 감정을 경
험하는 고통으로부터 아동을 보호해 주지만, 장기적으로는 아동에
게 매우 부정적인 결과를 낳을 수 있다.

또한 학대와 관련된 감정의 과도한 억압과 회피는 학대 기억과 관련된 감정을 처리하는 것을 어렵게 하여 결과적으로 외상에 대한 회피와 재경험의 악순환을 지속시킬 수 있다. 따라서 치료자는 점진적 노출 치료를 실시하기에 앞서, 내담자의 정서적 능력을 향상시킬 필요가 있다. 충분한 감정적 체험이 동반되지 않을 경우, 점진적 노출은 학대 기억에 대한 단조롭고 기계적인 회상에 그칠 수 있다.

치료자는 치료 전의 심리검사 결과나 치료 과정에서 보이는 내담자의 모습을 통해 아동의 정서적 능력을 객관적으로 파악하여야 한다. 감정에 대한 과도한 억압이나 회피가 관찰될 경우, 이것이 외상과 관련된 영역에만 국한되어 나타나는지 아니면 생활 전반에서도 나타나는지를 확인할 필요가 있다. 그리고 학대가 발생하기 이전의 기능 수준이나 정서적 능력을 확인하는 것 역시 매우 중요하다. 이러한 정보들은 외상에 대한 노출 치료에 중점을 둘지 아니면 전반적인 정서적 건강 및 대처 능력을 호전시키는 데 치료의 초점을 맞출지를 결정하는 데 유용하게 사용된다.

이 장에서는 감정에 대한 인식과 표현 능력을 촉진하는 활동을 살펴본다.

1. 감정 단어에 대한 소개

첫째, 내담자에게 감정(어린 아동의 경우에는 감정이라는 단어를 어려워할 수 있으므로 기분이라는 단어를 사용해도 좋다.)이 무엇인지 물어보고, 감정에 대해 얼마나 알고 있고 어떻게 생각하는지 확인한다. 슬프고 화나는 감정이 때로는 우리의 마음을 힘들게 할 때가 있지만 감정 자체는 매우 자연스러운 것이라는 점을 설명한다. 예를 들어, 카프와 버틀러의 책(Karp & Butler, 1996/2002)에 딸린 '활동 지침서'에서 감정에 대해 소개하는 내용을 인용하면 다음과 같다.

> 모든 사람은 감정을 가지고 있습니다. 오랫동안 사람들은 감정을 좋거나 혹은 나쁜 것으로 말해 오기도 했지만, 사실 감정은 단지 감정일 뿐이랍니다. 어떠한 감정이라도 모두 괜찮습니다. 여러분의 감정은 여러 가지 경험에서 나오게 되겠지요. 여러분이 보고 듣고 만지고 냄새 맡고 때때로 맛보는 것은 여러분이 과거에 경험했던 생각과 감정을 다시 느낄 수 있게 한답니다.
> 때때로 학대받아 온 아이들은 감정을 느끼지 못하게 감정을 억지로 틀어막거나 잊어버리도록 배우게 됩니다. 여러분의 감정을 틀어막아 버리는 문제는 여러분 자신이 어떻게 느끼는지를 다른 사람에게 이야기하는 것을 어렵게 만들어 버리지요(p. 24).

둘째, 감정 단어를 내담자가 얼마나 알고 있는지 확인하기 위해 돌아가면서 감정 단어를 적는 활동을 실시할 수 있다. 종이를 한 장 준비하고, 내담자에게 누가 더 감정 단어를 많이 알고 있는지 게임을 할 것이라고 설명한다. 대부분의 내담자는 이 활동을 큰 부담감 없이 받아들이는 편이다. 종이 위에 충분한 수의 단어를 적고 나면 내담자에게 '좋아하는 감정 단어 2개'와 '좋아하지 않는 감정 단어 2개'를 골라서 동그라미를 치게 한다. 그리고 그 이유에 대해 논의하거나 그런 감정이 들었던 최근 사건을 말이나 그림으로 표현하게 한다.

2. 얼굴표정 카드의 활용

감정에 대한 수용과 표현을 촉진하기 위해 다양한 감정이 담긴 얼굴표정 카드를 사용할 수도 있다. 다음에서는 얼굴표정 카드를 활용하는 방법을 소개하고 있다.

첫째, 여러 가지 감정이 표현된 얼굴표정 카드를 보여 주고, 각 얼굴이 어떤 감정을 표현하고 있는지를 맞춰 보게 한다.

둘째, 큰 종이를 준비해서 내담자로 하여금 그 종이 위에 사람의 상반신을 그리게 한다. 가슴 부분에 '마음'을 상징하는 하트나 원을 약간 크게 그리게 한다. 앞에서 사용했던 얼굴표정 카드를 '마음' 안에 붙이게 한다. 다음과 같이 설명하면서 각각의 얼굴표정에 별명을 적도록 한다.

우리 마음속에는 다양한 감정(기분)을 가진 아이가 살고 있어요. 환하게 웃고 있는 아이가 있는가 하면 우는 아이, 화난 아이, 무서워하는 아이도 살고 있어요. 슬퍼하는 아이나 무서워하는 아이는 마음속에 없었으면 좋겠다고 생각할 때도 있을 거예요. 그렇지만 이 아이들 한 명 한 명이 다 소중합니다.

셋째, 별명을 다 짓고 난 다음에는 어떤 얼굴표정이 좋고, 어떤 얼굴표정이 싫은지 골라 보게 한다. 그리고 각 얼굴표정 중에 가장 약하고 도움이 필요한 얼굴표정이 무엇인지를 골라 보고 그 얼굴표정에게 용기를 줄 수 있는 말을 적어 보게 한다.

[그림 5-1]은 초등학생 내담자가 이 활동을 하면서 만든 작품이다.

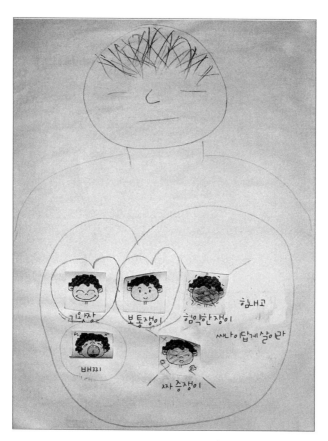

[그림 5-1] 다양한 얼굴표정이 담긴 마음 그림

3. 감정 탐정 놀이

감정 탐정 놀이는 놀이의 형태를 빌어 감정을 인식하는 능력을 증진하는 활동이다. 이와 비슷한 활동을 페더와 로난(2010/2012)은 '감정 추측 게임'(p. 68)이라는 이름으로 소개하고 있다.

첫째, 〈표 5-1〉과 같은 감정 단어 카드를 내담자에게 나누어 준다. 내담자의 연령을 고려하여 감정 단어 카드의 개수를 조절하거나 얼굴표정 카드로 대체할 수 있다.

〈표 5-1〉 감정 단어 목록

슬픈	화나는	두려운
외로운	걱정되는	편안한
기쁜	미운	행복한

둘째, 잘 모르는 단어가 있는지 내담자에게 물어보고, 필요한 경우에는 단어의 뜻을 알기 쉽게 설명한다. 그리고 다음과 같이 이 활동에 대해 설명한다.

지금부터 선생님과 감정 탐정 놀이를 할 거예요. 탐정은 돋보기를 들고 범죄현장을 잘 관찰해서 범인의 흔적을 잡지요. 우리가 이 놀이에서 찾으려는 범인은 바로 감정입니다. 꼭꼭 숨겨져 있는 감정을 명탐정처럼 찾아내는 것이 바로 우리가 할 일입니다. 명탐정이 되기 위해서는 현장을 잘 살펴봐야 합니다. 그림 속의 아이가 어떤 표정이고 어떤 말을 하는지를 세심히 살펴봅시다.

셋째, 치료자는 여러 가지 상황이 담긴 카드(혹은 신문이나 잡지에 나온 장면을 이용해도 좋다)를 내담자에게 제시하고, 그중에서 내담자가 원하는 카드를 선택하게 한다. 그리고 선택한 카드에 있는 사람이 느끼는 감정을 감정 단어 카드에서 찾아보게 한다.

넷째, 내담자가 감정 카드를 선택하면 적절한 단어의 경우는 칭찬해 주고 애매할 경우에는 그 이유를 설명해 보도록 한다. 상황과 전혀 안 맞는 단어의 경우에는 내담자의 설명을 들어 본 뒤, 다시 생각해 볼 기회를 주거나 필요에 따라 치료자가 올바른 감정 카드를 제안할 수 있다. 처음에는 감정을 하나만 고르게 하다가 내담자가 점차 이 활동에 익숙해지면 그림 속의 인물이 느꼈을 여러 가지 감정을 함께 골라 보게 한다.

4. 감정 일기 숙제

감정을 인식하고 표현하는 능력을 증진시키기 위해 이와 관련된 과제를 아동에게 내줄 수 있다. 치료 시간이 끝날 때 〈표 5-2〉와 같은 자료를 주면서 다음 치료 시간까지 작성해 오도록 한다. 내담자가 해 온 과제는 치료 회기를 시작할 때 매번 함께 살펴본다. 〈표 5-2〉는 이것을 작성한 예다. 내담자가 종이에 글을 쓰는 것을 싫어할 경우, 그림을 그려 오게 하거나 휴대전화에 적어 오게 할 수도 있다.

〈표 5-2〉 감정 일기 숙제 예시

날짜 :   년   월   일
나에게 일어났던 일: 예) 학교에서 뒤에 앉은 아이가 나에게 쓰레기를 던졌다. 그래서 걔에게 주먹을 날렸는데 다른 아이들이 걔 편만 들었다. 그리고 담임선생님도 내가 먼저 때렸다고 나에게만 반성문을 쓰게 했다.
감정: 예) 화나는, 슬픈, 외로운
생각: 예) 아무도 나를 좋아하지 않는다. 그 녀석을 때려 주고 싶다.

제6장

정서적 대처 능력의 향상

제6장 정서적 대처 능력의 향상

> 움직임의 마음을 갖는 것―밖으로부터 오는 것에 대응하여 움직이면서 그것
> 에 끊임없이 흔들리는 것이 아니라 그것을 하나로 엮어 내는 마음을 갖는다는
> 것―은 쉽지 않은 일이다. 연마된 마음은 대상 세계에 민감함을 유지하면서도,
> 거기에서 오는 압력 또 안으로부터 오는 강박에 대하여 초연하다.
>
> ― 김우창(2014, pp. 26-27)

과거의 학대 경험은 현재 생활의 어려움에 대처하는 능력을 취약
하게 만들 수 있다. 교통사고와 같은 외상의 경우에는 외상 후 스트
레스 증상이 외상과 관련되어 있다는 점이 피해자 자신에게 비교적
명백히 인식된다. 예를 들어, 교통사고를 당한 이후 차만 타면 심장
이 빨리 뛰고 손발에 땀이 나는 경우, 피해자는 자신의 변화가 교통
사고 때문임을 대부분 알 수 있다. 하지만 아동학대 피해자의 경우
에는 이전의 학대 경험을 재경험하고 있다는 점을 의식적으로 파악
하기가 훨씬 어렵다. 이는 현재의 대인관계 맥락 속에서 과거의 학
대 사건에 따른 여파가 미묘한 방식으로 발생하기 때문이다. 내담
자는 과거의 외상 때문이 아니라 지금-여기에서 벌어지는 사건 때
문에 심한 불안과 분노를 경험하고 있다고 판단하기 쉽다.

어린 시절 부모로부터 만성적으로 방치되었던 한 성인 내담자는
친밀한 사람과 잠시 연락이 안 되는 상황에 놓이게 되면 심한 분노
감을 느끼고 자해나 기물 파괴와 같은 충동적인 행동을 보였다. 그
리고 이 내담자는 파트너에게 행동을 바꿀 것을 강하게 요구하였

다. 사실 이 내담자의 분노는 돌봄을 받지 못했던 어린 시절이 재경험되면서 느끼는 심리적 고통 때문일 가능성이 높다. 어린 시절 매우 강압적인 부모 밑에서 심한 정서적 학대를 받았던 다른 내담자는 주변으로부터 강한 압박이 주어지는 상황에 직면하게 되면 무력감과 회피적인 태도를 보이면서 사회적으로 철회하는 모습을 보이곤 하였다.

이처럼 현재의 대인 관계에서 비롯된 부정적 감정과 과거의 학대 사건에 기인한 부정적 감정이 한데 뒤섞여 정서적 고통이 증폭된다. 이에 당사자는 부정적인 감정의 진정한 원인을 제대로 찾지 못한 채 혼란스러워하고 힘들어한다.

학대 경험의 후유증은 또한 학대 피해자가 외부 환경의 요구에 효율적으로 대처하는 것을 어렵게 만든다. 기본적인 신뢰감 상실 및 애착 형성의 어려움, 감정에 대한 과도한 억압 혹은 충동적인 감정 폭발, 사회적 대처 기술의 부족, 과잉 각성(hyperarousal) 혹은 정서적 둔감(numbing) 등의 외상 후유증으로 인해 피해자는 외부 세계에 유연하게 대처하는 데에 어려움을 겪는다.

학대 피해자를 치료하는 치료자 역시 이중의 어려움에 놓이게 된다. 과거의 외상과 관련된 기억을 처리하는 치료 작업과 현실 적응의 어려움을 다루는 치료 작업 중 어디에 중점을 두어야 할지 갈등이 되는 경우가 많다. 문제는 이 두 작업이 대체로 섞여 있다는 점이다. 현재 겪는 갈등에 과거의 외상 경험이 영향을 끼치지만, 과거의 경험을 먼저 다루기에는 현재 당면한 문제가 시급한 경우가 많다.

내담자의 상태나 치료자의 치료적 지향에 따라 치료의 초점이나 치료 과정의 순서는 달라질 수 있다. 내담자가 심리적으로 잘 기능하고 있고, 당장 처리해야 할 심각한 어려움이 없는 경우에는 보다 빠르게 과거의 학대 경험에 대한 노출 작업으로 들어갈 수 있다. 그러나 사회적응에 어려움을 겪고 있거나 전반적인 대처 능력이 부족한 경우에는 학대 경험에 대한 노출 작업으로 들어가기에 앞서 전반적인 대처 능력을 향상시키기 위한 충분한 사전 작업이 필요하다.

따라서 내담자에게 필요한 인지적 · 정서적 대처 기술을 습득할 수 있도록 돕는 과정이 필요하다. 향상된 대처 능력은 이후 실시될 점진적 노출 치료 과정에서도 효과적으로 사용될 수 있다. 내담자가 현재 겪고 있는 어려움을 다루고 대처 기술을 향상시키는 데 어느 정도의 치료 회기들을 할당할 것인지는 치료자의 전문적인 판단이 필요한 부분이다. 현재 생활에서 겪는 어려움이 심각하고 전반적인 대처 능력이 부족한 상태에서 과거의 외상 경험에 대한 노출 작업으로 바로 들어가는 것은 이미 취약한 상태인 내담자를 더욱 취약하게 만들 위험이 있다는 점에서 주의가 필요하다.

이러한 맥락에서 이 장에서는 노출 치료로 들어가기에 앞서 내담자의 정서적 대처 능력을 향상시키는 데 초점을 두고 다음과 같은 세 가지 활동을 소개한다. 첫째, 외상에 대한 일반적인 반응들을 살펴보고, 학대와 관련된 개인적 반응을 확인한다. 이를 통해 내담자의 자기 감찰(self-monitoring) 능력을 향상시키고, 상황이 보다 악화되기 전에 자기 상태를 빨리 파악하여 조기에 대처할 수 있도록 돕는다. 둘째, 부정적인 감정 중 특히 분노감을 조절하는 능력을 향상시키는 활동을 실시한다. 셋째, 긴장 이완 훈련을 통해 스트레스 상황과 관련된 불안감과 긴장감뿐만 아니라 과민, 좌불안석, 분노 반응 등을 줄이도록 돕는다. 긴장 이완 훈련은 이후 점진적 노출 치료를 실시하는 과정에서 심한 불안감이나 압도감을 느낄 때 유용하게 사용될 수 있다.

1. 외상 후 반응에 대한 교육과 개인적 반응의 확인

첫째, 외상을 겪은 사람에게 나타날 수 있는 일반적인 심리적 반응을 교육한다. 핀켈홀과 브라운(Finkelhor & Browne, 1985)은 성학대 피해자에게 나타날 수 있는 네 가지 핵심 문제로서, 외상적 성욕화(traumatic sexualization), 배신감(betrayal), 낙인찍힘 (stigmatization) 및 무력감(powerlessness)을 들었다. 제임스(James, 1989)는 이를 발전시켜 외상을 겪은 아동이 보일 수 있는 외상적 상태로 자기비난, 무력감, 상실과 배신감, 신체적 경험의 파편화, 낙인찍힘, 성욕화, 파괴성, 해리적 성격 및 애착 문제를 들고, 이를 책 속에서 삽화와 함께 제시하였다. 예를 들어, 자기비난의 경우에는 뚱한 표정을 짓고 있는 아이가 손을 뒤로 하고 말풍선에는 "그건 역시 내 잘못이야."라고 말하고 있고, 상실과 배신감 부분에는 "나는 더 이상 누구도 필요치 않아."라고 중얼거리면서 걷는 아이의 모습을 삽화로 제시하고 있다. 치료자는 외상을 겪은 아동·청소년에게 나타나는 외상 후 반응을 〈표 6-1〉과 같이 표로 제시하거나 제임스의 방법처럼 그림을 통해 보여 줄 수 있다.

둘째, 이러한 반응들은 심한 폭력이나 학대와 같은 외상사건을

〈표 6-1〉 외상 후 반응 목록

매우 충격적인 사건(예: 교통사고, 폭행, 부모의 폭력, 홍수 등)을 겪은 아동·청소년에게 생기는 일들

-악몽을 자주 꾼다.
-이전에 일어났던 힘들고 무서운 일들이 자꾸만 떠오른다.
-사소한 일에도 깜짝 놀란다.
-아무 생각도 안 하기 위해 애를 쓴다.
-멍하니 있을 때가 많다.
-사소한 일에 쉽게 화가 난다.
-슬픈 생각이 든다.
-기운이 없다.
-기분을 가라앉히기 위해 내 몸에 상처를 낸다.
-그 사건이 있은 뒤로 사람들과 거리를 둔다.
-사람들을 믿는 게 겁이 난다.
-내가 더 착한 아이였다면 그런 일은 생기지 않았을 거라고 생각한다.
-내가 겪은 일들을 다른 사람들이 알게 되면 나를 싫어할 거라고 생각한다.
-자신을 지키기 위해서는 남을 먼저 공격해야 한다고 생각한다.
-세상에는 나쁜 사람들밖에 없다고 생각한다.

겪은 아동·청소년에게 흔히 일어날 수 있는 자연스러운 반응이라는 점을 전달하고, 비슷한 일을 겪은 많은 아동·청소년이 이와 유사한 반응을 보인다는 점을 이야기한다.

셋째, 〈표 6-1〉의 목록 중 내담자에게 일어나는 반응을 찾아서 〈표 6-2〉에 적어 보도록 한다. 각 반응 때문에 힘든 정도를 색연필이나 사인펜을 이용해서 표의 오른쪽에 색칠해 보게 한다. 힘들수록 더 많은 별에 색칠을 하도록 한다. 작성이 끝나면 작성된 내용에 대해 내담자와 이야기를 나눈다.

〈표 6-2〉 외상에 대한 내담자의 개인적 반응

집에서 있었던 부모님의 학대에 대한 나의 반응	그 반응 때문에 내가 힘들어하는 정도
-예) 아빠가 자주 때려서, 조그만 일에도 쉽게 화가 난다.	★★★☆☆
-	☆☆☆☆☆
-	☆☆☆☆☆
-	☆☆☆☆☆
-	☆☆☆☆☆
-	☆☆☆☆☆
-	☆☆☆☆☆

다음은 만성적인 신체적 학대에 따른 외상 후 반응으로 스트레스 상황에서 자해 행동을 보이는 초등학생 내담자와의 상담 내용이다.

저자: 상처 내면 네 몸에 안 좋잖아. 그래서 말로 풀려고 하는 거야.

아동: 말로 해 봤자 소용없어.

저자: 무슨 일이 있었니?

아동: 친구가 괜히 나를 박고 나서 오히려 내가 박았다고 시비 걸었어. 그리고 나서는 욕질해 대면서 기분 나쁘게 하고.

저자: 네가 가만히 있었는데 어떤 애가 와서 밀었어?

아동: (침묵)

저자: 그 친구가 자주 그러니?

아동: (고개를 끄떡인다.)

저자: 그런 일 있을 때 다른 사람한테 얘기해 본 적 있어?

아동: 일렀다고 뭐라 그러는데.

저자: 음, 그래, 얘기할 데도 없네. 얘기해도 들어 주지도 않고, 그러니까 네 몸을 긁는 거야?

아동: 내가 약하니까. (작은 목소리로) 아무도 안 상대하고. 왕따고.

저자: 네가 잘못한 일도 아닌데도 말할 사람도 없고……. 그래서 혼자서 상처 내고……. 그것 참 외로울 것 같다.

아동: (거의 안 들리는 소리로) 아무도 없으니까.

저자: 선생님 마음도 참 아프네. 얘기 들으니까.

아동: 만져 보세요. 따뜻해요. (상담실에 있는 난로에 의해 따뜻해진 물에 젖은 소매를 만져 보게 한다.)

저자: 그래, 꼭 찜탕한 것 같다. (침묵) 그동안 너를 이해해 주고 그런 사람은 없었어?

아동: (고개를 끄떡인다.)

저자: 조심해. 그러다 난로에 타겠다. 그렇게 힘들 때 어떤 사람이 있었으면 좋겠어?

아동: 격려해 주고, 따뜻하게 맞아 주는 사람.

저자: 그래…….

아동: (침묵)

저자: 우리는 앞으로 함께 네가 혼자서 외롭게 자기 몸에 상처 내는 그런…… 어둠 속에서 빠져나올 거야. 알겠니?

아동: 알겠어요.

저자: 오늘은 시간이 다 되었네. 몸에 상처 내고 싶은 일이 생기면 여기 와서 함께 얘기하기로 한 약속 잊지 마.

2. 분노 조절

첫째, 분노에 대해 소개한다. 분노의 정의, 분노가 발생하는 상황에 대해 간략하게 설명한다.

분노란 나를 짜증나고 기분 나쁘게 한 사람이나 사물에 대해 느껴지는 매우 강한 기분입니다. 누가 나에게 욕을 하거나, 때리거나, 기분 나쁜 말을 들었을 때 흔히 분노가 생깁니다. 자존심에 상처를 입었을 때는 특히 강한 분노감이 생깁니다. 누가 나의 외모를 놀리거나 부모님에 대해 욕할 때 더욱 화가 나는 것은 이 때문입니다.

둘째, 생산적인 분노와 파괴적인 분노를 구분하게 한다.

하지만 분노가 꼭 나쁜 것은 아닙니다. 분노는 내 자신과 나에게 소중한 사람들을 지키기 위한 힘을 줍니다. 누가 나에게 함부로 할 때 분노하면 평상시보다 훨씬 강한 힘이 생깁니다. 또한 나에게 소중한 사람들을 위해 분노할 때 우리는 평상시보다 더 큰 일을 할 수 있습니다.

그러나 분노의 힘을 함부로 쓰면 결국에는 나와 주변 사람들을 다치게 할 수 있습니다. 사람들과 자주 싸우게 되고, 다치게 되며, 나중에는 분노에 사로잡혀 이성을 잃어버릴 수 있습니다.

결국 중요한 것은 분노해야 할 때와 참아야 할 때를 구분하고,

참아야 할 때 마음속의 분노를 조절하는 힘을 갖는 것입니다.

셋째, 분노에 대한 개인적 반응을 확인한다. 이 부분은 김은정 (2010, p. 119)의 '성범죄 고위험 청소년과 부모를 위한 예방 프로그램 개발'을 참조하였다. 분노가 일어났던 최근의 상황을 생각해 보게 하고, 그 상황에서 무엇 때문에 화가 났는지를 적게 한다. 어린 아동의 경우, 그림을 그려 보게 하거나 인형 등을 사용해서 화났던 상황을 재연하게 할 수도 있다. 그리고 그때의 신체 반응과 생각, 행동 등을 살펴보고, 마지막으로 내담자의 행동으로 어떤 결과가 발생했는지를 파악한다.

〈표 6-3〉 최근의 분노 상황

최근 내가 화났던 상황	예) 같은 반 영철이가 나를 괴롭힌다.
그때 나를 화나게 했던 상대의 말/행동/몸짓	1. 예) 듣기 싫은 별명을 계속 부른다. 2. 3.

[그림 6-1] 분노에 대한 나의 반응(남자아이의 경우)

[그림 6-2] 분노에 대한 나의 반응(여자아이의 경우)

넷째, 친구의 도발 행위를 낚시에 비유하여 설명한다. 콜코와 스웬슨(Kolko & Swenson, 2002)은 일부 아동에게는 공격성이 권력이나 자부심과 결부되어 있다는 점을 지적하면서 이를 낚시의 비유를 통해 다루는 방법을 제시하고 있다. 콜코와 스웬슨의 방법을 이용하여 치료자는 다음과 같은 설명을 내담자에게 제시할 수 있다.

> 낚시가 뭔지 아니? (아동의 반응을 기다린다.) 낚시는 강이나 바닷가에서 미끼를 이용해서 물고기를 잡는 것을 말해. 낚시꾼이 물고기를 잡기 위해 낚싯줄 끝에 무엇을 달지? 실지렁이같이 물고기들이 좋아하는 음식을 낚싯줄 끝에 매달아서 물고기를 꾄단다. 이런 것을 무엇이라고 부르지? 그래, 미끼라고 해. 물고기는 냉큼 미끼를 물고 싶겠지만 그러면 어떻게 될까? (아동의 반응을 기다린다.) 성미 급한 물고기는 그 미끼를 바로 물 거야. 그러면 어떻게 되지? (아동의 반응을 기다린다.) 그래, 낚시꾼에게 잡혀서 고생을 하겠지. 그러나 지혜로운 물고기는 그 미끼를 물지 않을 거야. 미끼는 아랑곳하지 않고 유유히 헤엄쳐 가거나 낚시꾼을 골릴 방법을 찾아내지. 다른 아이가 나에게 시비를 거는 것도 비슷하단다.

다섯째, 분노 상황을 분석한다. 낚시꾼의 비유를 통해 최근의 분노 상황을 분석한다([그림 6-3] 참조). 낚시꾼에는 자신과 싸웠던 상대방의 이름을 적도록 하고, 미끼에는 상대방이 자신을 어떻게 화나게 했는지 쓴다. 물고기의 행동 부분에는 상대의 도발에 대한 자신의 행동을 적는다.

[그림 6-3] 낚시를 통한 분노 상황 분석

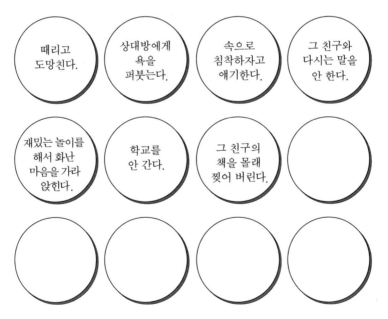

[그림 6-4] 분노 상황에 대한 대처 방법

여섯째, 화가 났을 때 사용할 수 있는 다양한 대처 방법을 [그림 6-4]의 원 안에 적어 보도록 한다. 내담자가 선택하기를 힘들어하는 경우에는 내담자의 생각을 차근차근히 이끌어 내어 스스로 결정할 수 있도록 돕는다.

일곱째, 대처 목록을 확인하고 나면 내담자가 찾은 대처 방법의 장단점에 대해 아동과 함께 논의한다.

여덟째, 역할 놀이를 통해 연습해 본다. 이때 내담자의 생활에서 자주 나타나는 전형적인 분노 폭발 상황을 선택한다. 치료자가 내담자 역할을 맡고, 내담자는 도발하는 상대의 역할을 맡아서 연습해 본다. 다음으로 치료자가 도발하는 역할을 맡고, 내담자가 거기에 대처하게 한다. 처음에는 아동으로 하여금 대처하는 방법을 소리 내어 말하게 한다.

아홉째, 상담실 밖에서 화가 났을 때에 앞에서 배운 방법을 사용해 보도록 한다. 다음 상담 시간에 그 일에 대해 함께 논의한다.

3. 긴장 이완 훈련

긴장 이완 훈련은 외상 후 스트레스 장애에 따른 생리적 반응, 즉 놀람 반응이나 과민, 짜증, 수면의 어려움, 좌불안석 등을 줄이는 데 특히 유용하게 사용될 수 있다(Cohen, Mannarino, & Deblinger,

2006). 또한 점진적 노출 치료 과정에서 내담자가 매우 심한 불안감을 느끼는 경우 불안감을 줄이는 목적으로도 사용될 수 있다. 그러나 만약 아동이 점진적 노출 치료를 할 때 불안감을 견딜 수 있다면 긴장 이완 훈련을 시키기보다는 자연스럽게 불안감이 줄어들도록 기다리는 것이 좋다. 긴장 이완 훈련 없이도 불안감이 자연스럽게 줄어든다는 것을 직접 체험할 경우, 외상 기억에 대한 압도적인 불안감이 이전보다 훨씬 줄어들 수 있다. 호흡법과 심상법의 실시 방법에 대해서는 외상 후 스트레스 장애를 다루는 많은 문헌에서 소개하고 있으므로, 여기서는 관련 내용을 간단하게만 언급한다.

1) 호흡법

다음과 같은 지시문을 내담자에게 제시한다. 처음에는 지시문을 보면서 하고, 점차 익숙해지면 눈을 감은 채 실시하도록 한다.

한 손은 가슴 위에, 다른 한 손은 배꼽 위에 놓습니다. 가슴은 가만히 두고 배로 숨을 쉽니다. 배를 풍선이라고 생각하고 풍선에 바람을 넣듯이 천천히 코로 들이마십니다. 들이마시면서 마음속으로 하나 둘 셋을 세고, 한 박자를 쉬고 내쉬면서 '마음이 편안하다.'라고 마음속으로 말합니다. 몸의 긴장을 풀고 부드럽게 호흡하면서 호흡 횟수와 깊이를 유지합니다. 호흡하면서 코끝의 바람과 배 위의 손에 정신을 집중합니다. 하루 두 차례, 한 번에 5~10분 정도 연습합니다.

2) 심상법

눈을 감고 편안함을 느낄 수 있는 상황이나 자연환경 등을 떠올려 보게 한다. 그리고 나서 눈을 감은 상태에서 그 상황이나 환경을 자세히 말해 보도록 한다. 내담자가 편안함을 느낄 수 있는 상황을 떠올리지 못하는 경우에는 치료자가 편안함을 느낄 수 있는 상황을 대본으로 미리 준비해서 들려준다.

외상 후 스트레스 장애와 관련된 긴장 이완 훈련에 대해 보다 자세한 정보를 얻길 원하는 사람은 윌리엄스와 포욜라(Williams & Poijula, 2002/2009)의 책 60~71쪽, 코헨, 마나리노 및 디블링거(Cohen, Mannarino, & Deblinger, 2006)의 책 75~86쪽, 분, 스틸 및 반 데 하르트(Boon, Steele, & Van der Hart, 2011)의 책 123~136쪽을 참조하길 권한다.

제7장

점진적 노출 치료

만약 네가 괴물을 만들 수 있다면 넌 또한 괴물을 떠나게 할 수도 있어. 만약
네가 네 괴물의 그림을 그릴 수 있다면 밤에 네 괴물이 가까이 오지 못하게 하
는 몇 가지 방법을 우리가 생각해 낼 수 있을 거야.
– 카프와 버틀러(Karp & Butler, 1996/2002, p. 224)

  학대가 외상 후 스트레스 증상의 발병에 끼치는 영향은 여러 경
험적 연구에서 확인되고 있다(Deblinger, Mcleer, Atkins, Ralphe, &
Foa, 1989; Famularo, Fenton, Kinscherff, & Augustyn, 1996). 학대받
은 아동은 악몽, 침투적 사고, 학대 경험에 대한 반추, 과민성, 불안
등의 외상 후 스트레스 증상을 경험할 수 있다. 그리고 일부 아동의
경우에는 이러한 외상 후 스트레스 증상이 시간이 지나도 줄어들지
않고 계속될 수 있다. 저자가 상담했던 한 아동 내담자의 경우, 저
자를 만나기 오래 전에 부모의 심한 신체적 학대로 목숨이 위태로
운 중상을 입고 겨우 구출되었다. 이 아동은 그 사건으로부터 수년
이 지났음에도 불구하고 계속해서 자신이 겪은 사건과 관련된 유령
의 악몽에 쫓기고 있었다. 또 어떤 성인 내담자는 청소년기에 받은
심한 신체적 학대가 계속 떠올라서 그것을 머릿속에서 떨쳐 내기
위해 하루 종일 라디오를 듣는다고 했다. 음악 소리가 들리지 않으
면 생각하고 싶지 않은 과거 기억이 떠오를 것 같아서 불안하다고
했다.
  이처럼 학대 피해자는 학대와 관련된 과거 기억을 억압하고 의식

속에서 배제하기 위해 많은 심리적 에너지를 기울인다. 이러한 노력은 그에 따른 반작용으로 일상생활에 몰입하거나 주의를 기울이는 데에 지장을 줄 수 있다. 또한 학대 사건을 상기시키는 자극이나 경험에 접하지 않으려다 보니 생활 반경이 위축될 수 있다. 하지만 가정이나 학교에서는 피해 아동의 근원적인 심리적 상처를 알아채기가 어렵고, 그 대신에 겉으로 보이는 주의력 문제나 공격 행동만을 고치는 데 초점을 두기 쉽다. 다시 말해, 피상적 증상이나 행동 문제를 교정하는 과정에서 피해 아동의 핵심 갈등, 즉 학대와 관련된 기억과 정서적 고통을 충분히 다루어지지 못하고 지나칠 수 있다.

이에 학대받은 아동·청소년을 상담하는 많은 치료자들은 학대 경험에 대한 노출 치료 과정을 통해 그 기억을 치료적으로 통합하는 데 초점을 둔다. 예를 들어, 제임스(James, 1989)나 길(Gil, 1991), 마바스티(Marvasti, 1993), 카프와 버틀러(Karp & Butler, 1996/2002)는 저마다 차이는 있지만 학대나 외상을 겪은 아동에 대한 치료에서 신뢰할 수 있는 안정된 치료 관계의 형성, 놀이나 상상 활동 및 그림 그리기 등을 통한 외상 기억의 탐색 및 재체험, 사건의 의미에 대한 이해와 외상적 경험의 통합, 보다 긍정적인 자기감의 발달, 현실 적응 향상이라는 비교적 공통적인 치료 과정을 제시하고 있다. 사실 이러한 과정은 학대 피해 아동에게만 적용되는 것이 아니라 외상 후 스트레스 장애를 겪는 성인 내담자에게도 공통적으로 적용되는 부분이다(Dewitt, 1990; Foa, Rothbaum, & Molnar, 1995; Herman, 1997/2007). 허먼(Herman, 1997/2007)은 치료자나 내담자에 따라 다양한 치료 및 회복 경로를 거치기는 하지만 대체로 치료 과정은 위험한 상황에서 안전감을 확보하는 1단계와 외상 경험을 기억하고 애도하는 2단계 그리고 세상과 다시 연결되는 3단계를 거친다고 주장하였다.

하지만 학대 피해 경험을 어떤 방식으로 표현하고 다룰지에 대해서는 이견이 존재한다. 먼저 인지행동치료(CBT)에 기반을 두고 성학대 피해 아동에 대한 점진적 노출 치료(gradual exposuretherapy)를 개발한 디블링거와 헤플린(Deblinger & Heflin, 1996)은 성학대 피해 아동이 노출 치료가 초래하는 불편감 때문에 노출 치료에 대해 저항을 보일 수 있다는 점을 인정하고 있다. 그러나 노출 치료를 받는 아동이 고통과 저항을 보인다고 해서 치료자가 노출 치료를 몇 회기 연기하거나 취소하는 것은 내담자의 회피를 강화할 수 있다는 점에서 좋지 않다고 여기고 있다. 오히려 아동의 고통과 저항을 하나의 치료 과정으로 바라보고 노출 치료를 강행할 것을 권하고 있다(Deblinger & Heflin, 1996, pp. 72-73).

하지만 이에 대한 이견 역시 존재한다. 길(Gil, 1991)은 학대는 아동의 경계를 침해하는 침투적인 행위(intrusive act)이기 때문에 학대받는 아동에 대한 치료 과정에서는 임상가의 개입이 비침투적(nonintrusive)이고 아동으로 하여금 스스로 경계를 지을 수 있게 허용하는 것이어야 한다고 주장하고 있다. 인지행동치료 진영 내에서도 내담자의 특성을 고려하지 않은 채 노출 치료를 적용하기보다는 노출 치료에 잘 반응하지 않는 내담자를 구별해 내는 것이 중요하다는 점을 강조하고 있다(Cohen, Mannarino, Berliner, & Deblinger, 2000). "문제가 서로 비슷한 경우라 할지라도, 심지어 이러한 문제를 지닌 사람들 중 상당수가 특정 치료 방법에 대해 증상의 호전을 보였다고 하더라도 한 사람에게 약이 되는 치료 방법이 다른 사람에게는 독이 될 수도 있다."(Mcwilliams, 1999/2005, p. 30)는 맥윌리엄스의 견해는 증거 기반 치료에 대한 지나친 비판으로 생각되지만, 통계적으로 효과성이 입증되었다는 점만을 가지고 개별 내담자에게 특정 치료 방법을 무조건적으로 적용하는 것은 무리가 따를수 있다는 점에서 노출 치료를 할 때 세심한 주의가 필요하다.

저자의 임상 경험으로 미루어 볼 때, 노출 치료는 지적 능력이 비교적 양호하고, 외상 사건이 짧은 기간 동안 일어났으며, 타인에 대한 기본적 신뢰감을 가지고 있고, 외상과 무관한 다른 사회적 기능들에 커다란 손상이 없는 경우에 보다 효과적이었다. 반면에 전반적인 인지적·사회적 기능의 결손이 크거나, 반복적이거나 장기적인 외상에 노출되었거나, 주변의 사회적 지지가 부족하거나, 다른 정신병리가 공병하거나, 치료적 동맹관계 형성을 포함하여 타인과의 애착 형성에 어려움을 가지고 있는 내담자의 경우에는 단기간의 노출 치료가 충분한 도움을 주지 못했거나 또는 치료 효과가 제한적이었다.

효과성을 검증하는 경험적 연구에서 과외 변인을 통제하기 위해 보다 심각한 정신병리를 보이거나, 복합 외상을 겪었거나, 다른 병리가 함께 공병하는 참여자들을 배제시키고 있다는 점 역시 주목해야 한다. 통제된 연구와 달리, 현장에서는 여러 위험 요소들과 과외 변인들이 잘 통제된 내담자만을 치료할 수는 없다. 다양한 어려움과 복합적인 외상 경험을 겪은 내담자를 만나게 된다는 점을 고려할 때, 경험적 연구에서 비롯된 증거 기반 치료를 존중하면서도 그와 동시에 융통성 있는 치료적 접근이 요구된다.

노출 치료를 적용하기에 앞서 치료자는 다음과 같은 측면들을 주의 깊게 살펴볼 필요가 있다.

먼저, 피해 아동이 안정된 환경 속에서 지내고 있는지를 확인해야 한다. 여전히 부모로부터 학대를 받고 있거나 다른 환경적인 문제(예: 학교 적응의 문제, 부모의 방치)가 심각할 경우에는 과거 경험에 대한 노출 치료에 앞서 아동이 주변 상황에 잘 대처할 수 있도록 돕기 위한 노력이 선행되어야 한다.

다음으로, 아동·청소년이 가진 정신병리의 심각성을 객관적으로 파악하여 치료에 참고하는 것이 좋다. 예를 들어, 피해 아동·청소년이 환청이나 환각 혹은 피해의식적 사고(persecutory idea)를 보이는 등 정신증적 양상(psychotic feature)을 띠고 있는 경우나 학대와 관련하여 해리 증상을 보이는 경우에는, 노출 치료의 섣부른 시행이 원시적인 방어 기제로 간신히 버티고 있는 내담자의 심리 상태를 오히려 불안정하게 만들 수 있다는 점에서 매우 조심해야 한다. 분과 스틸, 반데 하르트(Boon, Steel, & Van der Hart, 2011)에 따르면, 복합 해리 장애(complex dissociative disorder)의 경우에는 외상기억에 대한 때 이른 노출이 내담자를 불안정하게 만들고, 더욱 악화시킬 위험이 있다고 한다.

또한 노출 치료의 방법을 언어적 표현에만 한정시키지 않는 것이 좋다. 말할 수 없는 무언가를 말할 수 있게 되는 것은 말하는 대상에 대해 통제력을 갖게 한다는 점에서 기본적으로 치료적이다. 이 장의 앞부분에 인용한 카프와 버틀러(1996/2002)의 말처럼, 괴물을 정확히 그려 낼 수 있다면 그 괴물에 더 이상 휘둘리지 않을 수 있다. 하지만 가정 내 비밀에 대해 밖에서 말하지 말라는 가정 규범이나 문화적 통념 때문에 아동은 자신이 겪은 일을 말하는 것에 대해 심한 갈등을 겪을 수 있다. 또한 아동의 언어적 발달이 충분히 이루어지지 않았거나, 청각·언어 영역보다는 시각·운동 영역을 통해 표현하는 것을 아동이 더욱 선호할 수도 있다. 어떤 경우 학대 기억은 말로 표현하기 힘든 이미지나 감각적 경험으로 떠오를 수도 있다. 이럴 경우에는 그림이나 인형 같은 다양한 표현 매체를 사용하는 것이 도움이 된다.

점진적 노출 작업을 실시할 때 치료자는 이 작업이 단순히 과거를 회고하는 인지적 작업에 머무는 것이 아니라 감정과 감각이 함께 경험되는 온전한 체험 작업이 될 수 있도록 노력하여야 한다. 과거에 느꼈던 신체적 느낌, 감정, 들렸던 소리, 냄새를 포함한 세부적인 사항들을 되살려 내고 경험하도록 돕는 것이 중요하다. 하지만 과거의 고통스러운 기억 속으로 다시 돌아가 그때 느꼈던 취약한 느낌을 재경험하는 것은 내담자의 입장에서 쉽지 않은 일이다. 치료자의 깊은 공감과 따뜻하고 수용적인 태도는 다른 어느 때보다도 점진적 노출 치료 과정에서 더욱 요구된다. 치료자가 공감적이면서도 안정된 모습으로 내담자 곁에 머물러 있을 때 내담자는 돌아가기 싫은 과거의 기억에 직면할 용기를 가질 수 있을 것이다.

노출 치료 과정에서 치료자는 내담자가 자신을 피해자가 아닌 험난한 일을 겪고 살아남은 용기 있는 생존자로서 바라볼 수 있도록 도와야 한다. 이를 위해 치료자는 학대 환경에서 아동이 생존하기 위해 사용했던 전략이나 방어기제에 대해, 설령 그것이 현재를 살아가는 데에는 도움이 되지 않을지라도 존중하는 태도를 가질 필요가 있다.

학대 경험에 대한 노출 치료 이후에도 과거의 기억 자체는 지워

지지 않고 아동의 마음속에 계속 남아 있을 것이다. 하지만 아동의 삶 전체를 어둡게 뒤덮던 학대와 관련된 부정적인 감정과 외상 후 스트레스 증상은 상당 부분 줄어들 수 있다. 학대 기억에 대해 이전에는 두려움과 불안 같은 부정적인 감정과 고함치고 때리는 부모의 모습이 연관되었다면, 이제는 그 자리에 용기를 내어 학대 기억을 처리하려고 노력하는 자신에 대한 긍지와 공감해 주는 치료자의 모습이 자리 잡을 수 있게 된다.

「임금님 귀는 당나귀 귀」라는 전래 동화에 나오는 이발사는 임금님 귀가 당나귀 귀라는 비밀을 말하지 못하기 때문에 시름시름 앓다가 결국 병이 든다. 비밀을 말하고 싶지만 비밀을 말했다는 사실이 알려지면 죽임을 당하기 때문이다. 결국 이발사는 대나무 숲에 대고 "임금님 귀는 당나귀 귀"라고 말한 뒤에야 마음이 편안해질 수 있었다. 즉, 비밀이 지켜지는 안전한 대나무 숲 속에 자신의 비밀을 놓고 옴으로써 마음의 고통에서 해방될 수 있었다. 마찬가지로 치료자는 학대받은 아동의 '두려운 비밀'을 안전하게 담아 주는 역할을 함으로써 아동이 그동안 혼자 짊어져 온 고통스러운 비밀의 무게를 덜어 줄 수 있다. 이 장에서는 점진적 노출 치료를 실시하는 방법과 과정에 대해 자세히 살펴본다.

1. 점진적 노출 치료의 소개

먼저 내담자에게 점진적 노출 치료를 실시하는 이유에 대해 설명한다. 점진적 노출 치료 과정에서 생기는 적지 않은 심리적 불편감과 부정적인 감정을 내팽개치 참고 견디기 위해서는 점진적 노출 치료의 필요성을 충분히 이해하여야 한다. 어느 정도 나이가 든 아동·청소년의 경우에는 디블링거와 헤플린(1996, p. 75)처럼 보다 직접적으로 노출 치료의 필요성에 대해 이야기해 줄 수 있다.

무언가가 우리를 힘들게 하는지 우리는 때때로 알지 못하지. 하지만 그것은 우리의 기억 속에 머물러 있고 나중에 우리에게 문제를 일으킬 수 있단다. 학대에 대한 너의 생각에 대해 이야기하는 것이 매우 중요한 이유는 바로 이 때문이란다. 이를 통해 우리는 그것이 나중에 걱정거리나 문제로 바뀌는 것을 막을 수가 있어.

그러나 구체적인 수준(concrete level)에서 사고하는 어린 아동의 경우에는 이런 추상적이고 직접적인 설명이 잘 와 닿지 않을 수 있다. 이런 경우, 적절한 비유를 사용하는 것이 도움이 된다. 페더와 로난(Feather & Ronan, 2010/2012, p. 109)은 퍼즐 맞추기의 비유를 통해 노출 치료의 필요성을 설명하고 있다.

치료자는 어떤 일이 일어났었는지에 대해 이야기하는 것이 기억들을 끌어내는 데 도움이 될 수 있고, 그렇게 함으로써 그것들이 더 이상 방해가 되지 않는다고 설명한다. 예를 들어, 외상 기억을 퍼즐 조각에 비유하여 설명하는 것이다. 퍼즐 조각들이 마루 위에 흩어져 있는데 몇 조각이 잘 맞춰지지 않다가 아동이 각 조각을 검토해서 모두 맞추면 퍼즐이 완성되어 치워 버릴 수 있는 것이다.

보다 재미있는 방법으로는 제임스(1989, p.166)의 쓰레기봉투 놀이를 들 수 있다. 제임스는 외상 기억을 처리하지 않는 채 지내는 것을 냄새 나는 쓰레기봉투를 가지고 생활하는 것에 비유하면서 노출 치료의 필요성을 흥미롭게 설명하고 있다.

네가 이 쓰레기봉투를 항상 가지고 다닌다고 상상해 보렴. 학교에도 가지고 다니고, 친구랑 놀 때도 들고 있고, 영화관에 갈 때도 가방에 넣어 다닌다고 상상해 봐. 어떨 것 같니? 네가 어른이 되어 세계에서 가장 멋진 남자(여자)친구랑 데이트할 때도 이 쓰레기봉투를 가지고 간다고 상상해 봐. 어떻겠니? 이제부터 너에게 중요한 얘기를 해 줄게. 어른들도 선생님에게 와서 아이였을 때 일어났던 무섭고 힘든 일에 대해 얘기를 한단다. 그 어른들은 부모에게 심하게 맞았거나 학대를 당했던 일을 어른이 될 때까지 비밀로 간직했어. 너와는 달랐지. 그 어른들은 일어났던 일에 대해 얘기할 만한 곳이 없었어. 그 어른들의 얘기를 들으면서 선생님은 그 어른들에게 그런 비밀들을 혼자서만 간직하고 사는 것은 마치 쓰레기봉투를 들고 다니는 것 같다고 얘기한단다.

다음은 저자가 상담했던 초등학생 내담자와 있었던 상담 내용이다. 이 아동은 점진적 노출 치료를 실시하는 것에 대해 강한 저항을 보였다. 점진적 노출 치료를 실시하는 이유를 설명했을 때 있었던 대화 내용이다.

저자: 과거 일을 억지로 끌어내려는 게 아니야. 네가 이전에 받았던
　　　상처들을 함께 얘기하면서 네 마음을 건강하게 하려는 거야.

아동: 그런 건 나도 알아.

저자: 그래도 얘기하기가 쉽지 않지. 얘기하면 기분이 더 속상할 수
　　　도 있고.

아동: 알면서 왜 물어봐?

저자: 알면서도 필요하니까 물어보는 거야.

아동: 왜 필요한데?

저자: 이런 거랑 같아. 선생님이 썩은 토마토를 먹었다. 그게 소화되
　　　지 않고 배 속에 남아 있으면 배가 아프겠지. 배가 안 아프려면
　　　똥으로 싸거나, 토해 내거나 그래야 하잖아. 우리가 살면서 겪
　　　었던 힘들고 고통스러웠던 일도 똑같아. 그런 일을 자꾸 얘기
　　　하면서 그런 일 때문에 더 이상 힘들지 않으려는 거야.

아동: 기억을?

저자: 응.

아동: 기억을 삭제할 수 있잖아. 사람이 좋은 점은 기억을 삭제하는
　　　점이잖아. 신경을 안 쓰면 괜찮다니까. 앞으로 일만 생각하면
　　　되잖아. 과거 일을 생각하려니까 삭제가 안 되지. 난 잊어버릴
　　　것은 다 잊어버렸어. 과거 일을 들여다보는 게 몇 년, 며칠이 걸
　　　릴지도 모르잖아. 너무 큰 상처면 치료할 수 없잖아. 근데 여기
　　　서 자꾸 생각나게 하니까. 못 잊어버리는 것 같아.

저자: 상처를 치료하는 게 아니라 상처를 자꾸 자극해서 아프게 한다

그런 말인가?

아동: 응.

저자: 너 말도 일리가 있다.

아동: 앞으로 뭘 해야 하는지가 더 중요한 것 같아.

저자: 그 말도 맞다. 그래, 너 말도 맞지만 선생님 말도 한번 들어 봐. 선생님 말이 옳다는 게 아니라, 같이 얘기 나누면서 생각해 보게. 선생님도 살다 보면 힘든 일들이 있어. 그리고 그런 일들이 딱 잊어지면 좋다고 생각해. 그런데 잊으려고 하면 더 안 잊어지더라.

아동: 그건 그렇게 생각을 하니까 그렇지. 자기가 아예 생각하지도 않고, 아예 다른 생각으로 유도해 가면 되잖아. 장래 일이나 뭐 그런 것. 과거 일을 자꾸 생각나게 하니까 생각나면서 치료하기 힘들지. 생각나지 않는 것만으로 마음의 상처가 괜찮아질 수 있잖아.

저자: 그래. 미래 지향적으로 나아가는 게 낫지 않느냐 하는 얘기 같네. 그래, 선생님은 기본적으로 어느 쪽이냐는 너가 선택할 일이라고 생각해. 과거를 더 이상 돌아보기 싫다라고 하면 또 그것은 선생님이 존중해야 하는 거야. 왜냐하면 너의 삶이니까. 선생님은 너를 꼭 설득할 생각은 없어. 너 의견도 일리가 있고. 그렇지만 선생님 의견도 들어봐. (스케치북 위에 동그라미를 그린다.) 우리가 현재 걱정을 하지. (동그라미의 일부를 파란색으로 칠한다.) 미래 일도 생각하지. (동그라미의 일부를 빨강색으로 칠한다.) (동그라미에서 칠하지 않은 흰 부분을 가리키며) 이 부분은 여유가 있는 부분이야.

아동: 여유가 있는 부분에 자꾸 과거가 나타난다?

저자: 응. 그래서 과거 일들이 이 여유 부분을 많이 채우면 (동그라미의 여백 부분을 검은 색으로 칠한다.) 조금만 생각하려고 해도 동그라미에 여유가 없으니까 답답해지고 그럴 거야.

아동: 그러면은 아예 과거의 생각이 아예 안 날 정도로 동그라미를 꽉 채우면 안 돼? 아니, 너무 꽉 채우면 머리가 복잡하니까. 그러니까 조금의 공간을 남기면서 다 채우는 거야.

저자: 그래. 네 방식을 한번 보자. 우선 옛날 일은 이렇게 가려 두고 (검은색 부분을 손으로 덮는다.) 그리고 과거 일이 생각나지 않도록 남은 부분을 현재 일과 미래 일로 가득 채우는 이런 방법이지?

아동: 그렇게 하면 어지러우니까 약간의 여유를 두지.

저자: 지금 실제로 너한테 여유가 많아?

아동: 아니.

저자: 과거 생각을 안 하고 덮어 논다고 해도 여유가 없잖아.

아동: 생각하려고 해도 공부할 것도 많고, 심부름도 많아서 바빠.

저자: 네가 항상 과거 일을 생각하라는 게 아니야. 선생님과 있는 시간만 함께 얘기해 보려는 거야. 그리고 과거를 덮는 방법도, 그 방법도 괜찮은 한 가지 방법이야. 그렇지만 (동그라미의 검은 부분을 가리키며) 이 과거를 처리하면 현재와 미래에 더 많은 여유가 생기잖아.

아동: 귀찮아.

저자: 그래. 귀찮고 힘든 일이야. 때로는 속상하기도 하고. 선생님이 억지로 시킬 수도 없어. 네가 하지도 않을 테고. 선생님은 충분

히 시간을 줄 테니까 네가 시간을 가지고 선택을 했으면 좋겠
어. 네가 과거 일을 결코 얘기하지 않을 거라고 선택하면 선생
님은 네 의견을 따를 거야. 선생님은 네가 선택한 길을 돕는 사
람일 뿐이야.

아동: 알았다니까.

다음은 저자가 상담했던 미취학 아동과의 상담 기록이다. 여기
서는 아동의 눈높이에 맞추어 노출 치료의 필요성을 보다 쉽게 설
명하고 있다.

저자: 오늘은 여기까지 하고, 선생님이 하나 물어볼게. 선생님이랑
　　　같이 이야기 나누는 것 힘들지 않아?

아동: 네? 왜요?

저자: 네가 겪었던 힘든 얘기를 하잖아.

아동: 노는 것은 좋아요.

저자: 이런 얘기하는 것은 어때?

아동: 싫어요.

저자: 힘들지?

아동: (기침을 한 뒤) 그러면 저는 감기가 걸려요. 힘들어요.

저자: 얼마나 힘들어?

아동: 하늘까지, 땅까지, 우주선까지. 얘기하니까 더 힘들어요. 그 얘
　　　기 안 하면 더 안 힘들 것 같은데.

저자: 얘기를 하다 보면 점점 마음이 편해질 거야. 네가 힘든 일을 겪
　　　어서 그래. 얘기하다 보면 더 편해져.

이동: 예요?

저자: 얘기를 하다 보면 마음속에 나쁜 일들이 쌓여 있지 않고 뱉어
　　　내는 거니까.

아동: 말로 하는 게 뱉어 내는 거예요?

저자: 응. 네 마음속에 쌓여 있는 나쁜 것을 얘기해서 밖으로 보낼 거야.

아동: 그렇게 하면 어떻게 해요? 선생님이요.

저자: 선생님은 네가 말한 것을 다 (씹는 시늉을 한다.) 해 가지고 쓰
　　　레기통에 버릴 거야. 그러면 네 마음이 그만큼 편해질 거야. 네
　　　마음속에 걱정되는 게 많이 쌓여 있잖아.

아동: 이만큼인데. (손가락으로 뱃속에서 목구멍까지 차 있다는 것을
　　　표시한다.) 그러면 (웃으며) 그것을 선생님한테 옮기면요?

저자: 그러면 선생님은 그걸 다 앙앙앙앙 씹어서 퉤퉤퉤 뱉어 버리지.

아동: (웃음)

　　두 아동의 사례에서 보듯이, 학대받은 기억에 대해 이야기하는
것은 내담자의 입장에서는 상당히 부담되는 일이다. 먼저 소개한
초등학생 내담자는 학대 경험에 대한 억압과 회피가 심한 아동이었
다. 다음으로 소개한 미취학 아동은 학대 경험에 대해서는 보다 쉽
게 드러낼 수 있었으나 낮은 연령 때문에 그 일들을 인지적·정서
적으로 이해하고 처리하는 능력이 부족하여 자신이 표현한 내용들
에 압도되는 모습을 보였다. 그래서 이 아동의 소화 능력(통합 능력)
으로는 채 소화해 낼 수 없는 감정과 기억을 아동이 소화할 수 있는
형태로 치료자가 잘 씹어서 아동에게 돌려 주는 치료 작업에 많은
노력을 기울여야 했다.

2. 점진적 노출의 위계 설정

점진적 노출을 시작하면 내담자는 그동안 회피해 왔던 학대 기억에 대해 점진적으로 직면하기 시작한다. 처음에는 불안이나 고통이 거의 유발되지 않는 자극부터 시작해서 노출의 강도를 점차 높여 가는 것이 좋다. 이를 위해 노출의 위계(hierarchy)를 결정할 필요가 있다. 페더와 로난(2010/2012)은 내담자로 하여금 여전히 자신을 괴롭히는 사건이나 상황의 목록을 작성하게 하고 관련된 괴로움의 정도를 번호로 붙이고 나열하는 방식으로 노출의 위계를 작성하였다. 즉, 내담자에게 노출의 위계를 작성하는 작업을 맡기고 있다. 이에 비해 디블링거와 헤플린(1996)은 보다 절충적인 입장을 취하고 있다. 학대 기억에 대한 회피가 적거나 나이가 든 아동·청소년의 경우에는 노출의 위계를 결정하는 과정에 내담자를 참여시켜 노출 과정에 대한 통제감을 가질 수 있게 하였다. 그러나 보다 어린 아동의 경우에는 치료자가 주도적으로 노출의 위계를 작성하였고, 이를 아동과 나누는 작업이 필수적이라고 보지는 않았다. 왜냐하면 치료자가 생각하는 노출의 위계를 미리 아동에게 알릴 경우 아동이 불안해할 수 있고, 아동의 반응이나 아동이 보고하는 내용에 따라 치료 계획을 융통성 있게 변화시키는 데 지장을 줄 수 있기 때문이다.

관련 전문가(예: 사회복지사, 의사, 경찰, 보육원 교사)의 보고, 부모의 설명, 치료 장면에서 내담자가 이야기하는 내용, 심리검사 결과 등을 바탕으로 노출 치료에서 다루어야 할 기억들이 무엇인지에 대해 치료자는 충분히 파악할 필요가 있다. 노출의 위계를 결정한 다음 그에 맞추어 점진적 노출 치료를 경직되게 적용하기보다는 치료 과정에서 나오는 정보를 바탕으로 노출의 위계를 융통성 있게 변화시킬 필요가 있다. 치료자가 생각하기에 가장 힘들 것이라고 생각되는 기억이 의외로 내담자의 입장에서는 그렇게 힘든 기억이 아닐 수도 있고, 내담자 자신이 가볍게 생각하고 억압해 왔던 부분이 치료 과정을 거치면서 매우 고통스럽고 치욕스러운 기억이었다는 사실이 뒤늦게 발견되기도 한다.

따라서 치료자는 내담자의 반응과 치료 과정에서 나타나는 변화들을 종합적으로 고려하여 내담자의 핵심 갈등과 가장 고통스러운 기억에 내담자가 점차적으로 다가갈 수 있도록 돕는 것이 좋다. 치료자는 점진적 노출 과정에서 내담자의 마음속에 자연스럽게 떠오르는 기억과 생각의 흐름을 놓치지 말고 잘 포착해서 노출 위계를 설정하는 데 반영할 필요가 있다.

디블링거와 헤플린(1996, p.74)이 예로 든 점진적 노출 위계는 다음과 같다.

- 아동 성학대에 대한 일반적인 정보
- 학대를 수반하지 않는 학대 행위자와의 상호작용
- 학대가 폭로되고 그에 따라 조사가 이루어졌던 일
- 학대의 첫 번째 삽화
- 추가적인 학대 접촉
- 특정한 학대 삽화(휴일이나 생일, 개학 등의 특별한 사건과 관련된 삽화)

• 가장 불안하고 창피한 학대 삽화

저자가 치료했던 한 아동은 다음의 위계에 따라 점진적 노출을 실시하였다.

• 아동의 인권에 대한 교육
• 알코올 중독을 가진 아버지를 둔 아동에 대한 애니메이션 시청
• 행복했던 시절에 대한 기억
• 가출해서 아동보호기관의 보호를 처음 받은 상황
• 신체적 학대가 이루어지던 시기의 집안 정경
• 학대 행위자와의 첫 만남
• 첫 번째 신체 학대
• 추가적인 신체 학대
• 학대에 의해 죽기 직전까지 이르렀던 기억

일단 학대에 대한 기억을 이야기하기 시작하면 대체로 추가적인 이야기들이 자연스럽게 흘러나온다. 치료자는 내담자의 이야기 흐름을 잘 따라가면서, 핵심적인 이야기에 점차 다가갈 수 있도록 도울 필요가 있다. 비지시적인 놀이치료와 달리 점진적 노출치료를 실시하는 치료자는 보다 지시적인 입장에서 내담자가 학대 관련 기억과 단서를 직면할 수 있도록 돕는다. 하지만 내담자의 상태나 심리적 저항 등을 고려하여 노출의 위계를 더 높이거나 낮추는 등의 조정이 필요하다. 경우에 따라서는 부담이 덜 되는 표현 방법으로 노출 치료의 방식을 바꾸는 것도 도움이 된다.

3. 점진적 노출의 방법

언어적 표현은 점진적 노출의 가장 주된 표현 방법이다(Deblinger & Heflin, 1996). 그러나 길(2006)이 말하듯이, 언어적 표현에 대한 문화적 입장 차이가 존재하고, 아동의 기질이나 성격 특성에 따라 선호하는 표현 매체가 다를 수 있다. 말하기 어렵고 기억하기 힘들다는 사실이 외상의 기본적 특성이라는 점을 고려할 때 다양한 표현 매체의 사용은 내담자의 자기표현을 촉진시키는 데 많은 도움이 된다. 치료가 진척됨에 따라 이전까지는 자신의 학대 경험을 말하지 못했던 아동이 자신의 경험을 말하기 시작하는 경우도 있다. 반대로, 노출 치료가 깊어지면서 이제껏 자신의 경험을 잘 이야기하던 아동이 더 이상 말하지 못하고 그림이나 인형을 통해 말없이 자신의 경험을 드러내는 경우도 있다. 허먼(1997/2007) 역시 비슷한 내용을 다음과 같이 이야기하고 있다.

> 치료자와 환자는 얼어붙어 있는 심상과 감각의 파편화된 요소들을 가지고 시간과 내력의 맥락에 비추어 조직적이고 세부적이며 언어적인 설명을 천천히 다시 만들어 간다. 그 이야기에는 사건 자체뿐만 아니라 그 사건에 대한 생존자와 중요한 사람들의 반응이 포함되어 있다. 이야기가 가장 감당하기 어려운 순간들에 가까워짐에 따라 환자는 단어를 사용하는 것이 점점 더 어려워진다는 것을 발견한다. 때에 따라 환자는 자기도 모르게 그리기나 색칠하기와 같은 비언어적인 의사소통 방법으로 전환할지도 모

른다(Herman, 1997/2012, 원서 p. 177).[1]

일단 점진적 노출을 시작하고 나면, 치료자는 내담자로 하여금 노출 위계에 따라 자신이 겪은 일들을 현재형으로 구체적이고 자세하게 표현할 수 있도록 지도한다. 이때 시각적인 장면뿐만 아니라 당시에 몸으로 느꼈던 다양한 감각 경험과 감정을 함께 이야기하도록 한다. 촉각이나 소리, 냄새, 감정에 대한 질문을 통해 이를 촉진할 수 있다. 내담자가 너무 빠르게 내용을 진행하려고 하거나 또는 간략하게 설명하고 넘어가려는 경우에는 구체적인 부분들에 대한 질문을 통해 당시 상황을 재체험할 수 있게 한다. 다만 이러한 질문이 세부 사항을 꼭 완성해야 한다는 압박으로 내담자에게 받아들여지지 않도록 주의해야 한다. 어린 아동의 경우에는 인지적 · 언어적 능력의 한계로 세부 사항을 충분히 기억하는 데 어려움이 있을 수 있다. 또한 내담자가 기억 속에 몰두해서 자신의 경험을 한참 풀어 나가고 있을 때 치료자가 지나치게 많은 질문을 던지는 것은 자연스러운 치료의 흐름을 방해할 수 있다는 점도 고려해야 한다.

대개 내담자가 학대 경험을 노출하기 시작할 때 처음에는 감정을 배제시킨 채 있었던 사실만을 이야기하는 경우가 많다. 여기에는 여러 가지 이유가 있을 수 있다. 가장 큰 이유는 외상과 관련된 감정을 경험하고 표현하는 것이 생존자에게 매우 힘들기 때문이다.

---

1) 국내에 번역된 책이긴 하지만, 미묘한 어감을 잘 살리기 위해 원문을 다시 번역하여 인용하였다.

감정을 경험하는 것에 대한 외상 피해자들의 두려움을 반 데 콜크(Van Der Kolk)는 스케르(Scaer, 2014)의 책에 쓴 서문(foreword)에서 다음과 같이 언급하고 있다.

> 그들은 그러한 감각들과 감정들을 경험하게 되면 영원히 그것들에 의해 압도될 것이라는 가정하에 살아가는 듯이 보인다. 이들은 이러한 감각과 감정들을 사라지게 하기 위해 약물, 마약, 알코올에 의지하는데, 이는 이들이 외부 도움 없이 그것들을 감내하는 방법을 배울 수 있을 것이라는 자신감을 상실했기 때문이다. 이러한 끔찍한 감정에 의해 제정신을 잃어버릴 것이라는 두려움은 그들로 하여금, 그것들을 느끼지 않는 것만이 그것들을 없어지게 하는 방법이라고 믿게 만든다.

허먼(1997/2012)은 전쟁이나 가정 폭력, 부모의 학대와 같이 탈출이 불가능한 위험 상황에 만성적으로 노출되었을 때 피해자의 자기방어 체계가 무력화되면서 지각이 둔해지고 왜곡되거나 부분적인 마비나 특정 감각의 상실을 보일 수 있다고 설명하고 있다. 이는 감정적 영역과 신체적·감각적 영역을 마비시킴으로써 외상에 수반되는 압도적인 충격과 공포로부터 자기 자신을 보호하려는 무의식적 노력일 수 있다.

따라서 피해 아동이 점진적 노출 과정에서 자신의 감정과 감각 경험에 대해 잘 표현하지 못하는 것은 자연스러운 일이다. 그러나 학대 당시에는 내담자를 보호하는 역할을 했던 감정적·감각적 영역에 대한 억압과 분리가 현재 생활에 적응하는 데에는 지장을 초래할 수 있다는 점을 기억해야 한다. 이는 학대 기억에 대한 철저한 처리를 어렵게 만들고, 다양한 감정과 감각을 경험하는 것을 방해하여 풍요로운 삶을 살아가는 데 어려움을 줄 수 있다. 과거의 학대 경험을 상기시키는 촉발 사건(triggering event)에 접하게 되면 분리(혹은 해리)된 감정과 감각들이 갑자기 되살아나면서 강렬한 감정 폭발이나 행동 문제를 보일 수도 있다.

따라서 치료자는 점진적 노출 치료 과정에서 학대 경험과 관련된 감정과 감각을 경험하고 표현하는 것이 내담자에게는 무척이나 어려운 일이라는 점을 공감하면서도 감정을 차단하기보다는 표현하는 것이 더 좋다는 점을 전달하는 것이 중요하다. 디블링거와 헤플린(1996, p. 87)은 학대 경험과 관련된 감정을 표현하도록 돕기 위해 다음과 같이 격려할 것을 제안하고 있다.

- 감정을 나누는 것이 좋단다.
- 울어도 괜찮단다.
- 괴로운 일에 대해 이야기할 때 감정이 흔들리는 경험을 할 수 있지만 괜찮단다.
- 학대에 대해 우리가 얘기할 때마다 조금씩 더 쉬워질 거야.
- 그런 기억들을 직면하는 것은 힘든 일이지만 너는 할 수 있을 거야.
- 네 감정을 나누면 나눌수록 결국에는 기분이 더 좋아질 거야.

저자의 임상 경험을 돌이켜 볼 때 감정이 배제된 채 학대 경험만을 노출하는 것만으로는 외상 후 스트레스 증상들을 줄이는 데 한계가 있었다. 하지만 학대 경험을 기억함과 동시에 관련된 감정을 충분히 경험하였을 때 내담자는 과거 기억으로부터 보다 자유로워질 수 있었다. 그러나 감정이 경험하고 표현되는 방식은 저마다 달랐다. 한 내담자는 치료의 거의 마지막 순간에 이르러서야 학대와 관련된 슬픔과 상실의 감정을 표현할 수 있었다. 다른 내담자는 점진적 노출 치료의 초기부터 감정이 살아났지만 강렬한 감정들에 휩싸여 심한 혼란감을 보이기도 했다. 또 어떤 내담자는 분노감이나 적대감을 느끼는 것은 어렵지 않으나 보다 취약한 감정을 드러내는 것은 매우 힘들어했다.

치료자와 내담자 사이의 관계를 통해서도 내담자의 감정 표현을 촉진할 수 있다. 다음은 심한 신체적 학대를 받은 한 초등학생 내담자와의 치료 과정에서 있었던 대화다.

아동: 친구가 있으면 계속 뭘 줘야 하니까 힘들어.

저자: 안 주면 어떻게 되는데?

아동: 배반할지 모르니까.

저자: 실제로 그런 적 있었니?

아동: 응.

저자: 선생님에게도 자주 과자도 갖다 주고 최근에는 카드도 줬잖아. 선생님에게 뭘 가져다주지 않으면 선생님이 어떻게 할 것 같니?

아동: (침묵)

저자: 혹시 너를 버리거나 배반할 것 같니?

아동: (고개를 끄덕인다.)

저자: 네가 그런 생각을 안 하기 위해서는 얼마나 걸릴까?

아동: 평생. 언제 배신할지 모르니까.

저자: (침묵) 난 네가 참 외로운 세계에 살고 있는 것 같아서 마음이 아파.

아동: (의자를 돌려 벽을 보고 앉는다.) (침묵)

저자: (침묵)

아동: (벽을 보고 앉은 채로) 화날 때는 잘 알겠는데 다른 기분이 들 때는 잘 모르겠어. (침묵)

학대가 일회적으로 발생하는 것이 아니라 반복적으로 지속되는 경우, 아동의 입장에서 각각의 학대 사건을 모두 기억하기는 어려울 수 있다. 이 경우에는 내담자의 기억 속에 인상적으로 남아 있는 사건이나 장면을 중심으로 점진적 노출을 실시하는 것이 좋다. 예를 들어, 반복적으로 학대를 받은 경우에도 처음으로 학대가 시작되었을 때, 학대 과정에서 심한 부상을 받은 사건, 어딘가에 갇혔던 일 등 매우 구체적인 학대 삽화가 있는 경우가 많다. 다음에서는 점진적 노출 과정에서 사용할 수 있는 다양한 표현 도구에 대해 살펴본다.

4. 다양한 표현 방법의 사용

점진적 노출 과정을 촉진하기 위해 다양한 표현 방법이 사용될 수 있다. 부모와의 면담이나 내담자에 대한 관찰을 통해 내담자가 어떤 매체를 선호하는지를 미리 파악해 두는 것이 좋다. 이 절에서는 점진적 노출 치료 과정에서 사용할 수 있는 다양한 표현 방법 중에서 심상 노출, 그리기, 인형을 통한 노출, 찰흙의 사용, 꿈 작업 그리고 이야기 만들기를 살펴본다.

1) 심상 노출

심상 노출(imagery exposure)은 눈을 감고 학대 사건에 대한 심상을 마음속에 떠올리는 것이다. 심상 노출은 회피하고 싶은 외상적 사건을 심상을 통해 체험적으로 재경험하게 해 준다. 이것은 학대 경험과 거리를 두고 피상적인 감정만을 드러내는 내담자에게 회피해 왔던 기억과 접촉하는 계기를 마련해 줄 수 있다. 다만 어둠에 대한 두려움이나 타인에 대한 불신감이 심한 아동의 경우에는 눈을 감고 진행하는 심상 노출을 거부하거나 혹은 참여하더라도 심한 불편감을 느낄 수 있다는 점에서 주의가 필요하다. 다음은 한 예로서 학대 사건이 발생했던 집안 풍경을 떠올리게 하고 있다.

> 지금부터 눈을 감고 집안을 떠올려 보세요. 마치 영화를 보듯이 마음속에 그 장면을 떠올려 보세요. 억지로 떠올리려고 하지 말고 자연스럽게 집 안의 모습을 마음속에 그려 보세요. 마음속에 보이는 것을 마치 지금 그곳에 있는 것처럼 생생하게 현재형으로 얘기해 주세요.

심상 노출을 실시할 때 내담자가 처음 떠올리는 심상부터 시작하여 그와 연결되는 심상들로 자연스럽게 심상 노출을 이어 갈 수 있다. 이 과정에서 시각적인 이미지뿐만 아니라 청각, 후각, 신체 감각 같은 다양한 감각도 아동이 느끼고 표현할 수 있도록 질문을 던진다.

점진적 노출 과정에서 심상 노출을 통해 떠올린 이미지에 내담자가 심한 불안감이나 압도감을 느끼는 경우에는 다음과 같은 여러 가지 방법들을 사용할 수 있다. 먼저, 학대 사건과 관련된 심상으로부터 주의를 전환시킴으로써 내담자의 불안감을 줄여 주는 방법이 있다. 이를 위해 눈을 뜨게 하고, 복식호흡과 같은 긴장 이완 훈련을 시키거나 또는 마음을 안정시켜 주는 편안한 사람이나 환경을 심상을 통해 떠올리게 하는 방법을 사용할 수 있다. 다음으로, 강한 불안감을 느끼게 하는 노출 장면 속에 치료자를 떠올리게 하고 심상 속의 치료자가 내담자를 보호해 주고 돌봐 주는 장면을 떠올리게 함으로써 불안감을 경감시키는 방법을 사용할 수 있다. 이는 경계선 성격장애를 가진 내담자를 대상으로 벡, 프리먼 및 데이비스(Beck, Feeman, & Davis, 2004/2008)가 사용한 '심상으로 각본 다시 쓰기'인데, 관련된 부분을 인용하면 다음과 같다. "다른 누군가(대개는 치료자)가 중재자가 되어 심상의 장면 속에 들어갈 수 있다. 중재자는 학대나 다른 고통스러운 상황을 중지시키고, 아동을 구출하며, 아동에게 무엇을 원하는지 묻는다. 부정적인 해석을 교정하고 아동을 위로하는 데 특별한 주의를 기울여야 하며, 이렇게 하는 동안 심상으로 이루어지는 신체적 접촉이 아동에게 제공되어야 하는데, 이는 아동에게 위안과 사랑을 전달하는 가장 강력한 방법이 될 수 있다. 만일 환자가 (심상으로 이루어지는) 신체적 접촉을 받아

늘이지 않는다면 어떤 방식으로든 이를 강요해서는 안 된다." (pp. 320-321)

다음은 저자가 심한 학대를 받고 구출된 내담자와의 치료 과정에서 심상 노출을 사용했을 때의 내용을 정리한 것이다.

저자는 학대 행위자의 학대가 심하지 않았던 시절부터 심상 노출을 하도록 했다. 내담자는 학대 행위자가 유치원을 찾아가 원장에게 유치원을 그만두겠다고 고함치던 사건을 떠올렸다. 그리고 그 옆에서 떨고 있는 자신의 모습을 기억했다. 이 이야기를 한 다음, 갑자기 어떤 장면이 떠오른다고 하면서 누군가가 여자의 머리를 움켜쥐고 여자에게 소리치는 장면이 보인다고 했다. 다음 회기에 내담자로 하여금 보다 심한 학대 기억을 심상 노출로 떠올려 보도록 했다. 그러자 내담자는 이곳저곳을 돌아다닐 때 다른 사람이 내담자에게 말을 걸면 학대 행위자가 내담자를 산에 데리고 올라가서 구타하던 장면을 떠올렸다. 그리고 숙소에서 학대 행위자가 내담자에게 억지로 3인분의 식사를 먹게 한 다음 토해 내자 토한 것을 다시 먹게 했던 장면과 바늘로 내담자의 무릎을 찔러 대던 장면을 묘사했다.[2] 그리고 최근 꾸었던 악몽에 대해 이야기했다. "꿈속에서 자고 있는데 쉼터의 방충망이 덜컹 덜컹하는 소리가 들렸어요. 그리고 방충망이 뜯어지고, 갑자기

---

2) 아동학대와 가정폭력, 군대에서 발생하는 사병들 간 폭력, 독재정권 시절 정보 기관에서 행해진 고문 사이에는 많은 유사점이 있다. 왜냐하면 이런 행동들은 공통적으로 권력을 행사하는 사람들이 자신의 지배력을 유지하고 상대를 무력화시키기 위해 실시하는 고문(torture)의 성격을 띠고 있기 때문이다.

그 사람이 방 안으로 들어와 저의 멱살을 잡고 끌고 나가려고 했어요. 같은 방에서 자고 있는 아이들을 깨우려고 했지만 목소리가 나오지 않았어요. 갑자기 장면이 바뀌어 산 속이 나오더니 저는 꿇어 앉은 채 그 사람에게 몸 여기저기를 발길질당하고 있었어요. 꿈꾼 시간은 1~2시간 정도이지만, 꿈속에서의 시간은 마치 하루 정도의 긴 시간 같아서 두렵고 괴로웠어요." 치료자와 내담자는 이 꿈 장면을 다시 구성하는 작업을 실시했다. 즉, 학대 행위자가 방충망을 부수려고 할 때 주위 친구들과 다른 방에서 자는 선생님을 깨우고 경찰에게 신고하는 장면을 심상을 통해 만들었다. 점진적 노출 치료의 후반에 들어서면서 내담자는 어린 시절 있었던 긍정적인 기억들을 떠올렸다. 점진적 노출 치료 마지막 시간에는 심상을 통해 학대 행위자의 모습을 떠올리게 했다. 내담자는 약간 화난 표정을 짓고 있는 학대 행위자를 떠올렸다. 학대 행위자 옆에 내담자가 있는 모습을 떠올리도록 하자, 내담자는 약간 무섭다고 말했다. 저자는 학대 행위자와 내담자 사이에 저자가 있는 모습을 떠올리도록 한 다음, 내담자로 하여금 심상 속의 학대 행위자에게 하고 싶은 말을 하도록 했다. 내담자는 학대 행위자에게 '나는 친아들인데 왜 그렇게 때렸느냐? 왜 때렸는지 이유를 알고 싶다.'고 말했다. 그 말을 듣고 학대 행위자가 어떤 표정을 지을 것 같으냐고 물어보니, 내담자는 학대 행위자가 뚱한 표정을 하고 어찌할지 모르는 모습으로 서 있을 것 같다고 했다.

2) 그리기

그리기는 그림이나 만화를 통해 자신이 겪은 학대 경험을 점진적으로 표현할 수 있게 돕는 것이다. 만화나 그림 그리기를 좋아하는 아동·청소년의 경우에 특히 유용하게 사용될 수 있다. 처음에는 학대와 무관한 가족 간 상호작용을 표현하는 부분부터 시작해서 점차 학대와 관련된 장면이나 사건들을 그림이나 만화로 그리게 함으로써 점진적 노출을 진행해 간다. 한 피해 아동이 그림을 그렸던 순서를 따라가면서 진행 방법을 소개하겠다.

첫째, 아동에게 눈을 감고, 점진적 노출 회기에서 표현하려는 부분을 마음속에 떠올리게 한다. 아동이 어떤 장면을 마음속에 떠올렸다고 이야기하면 그 장면을 그림으로 그려 보게 한다. 만약 아동이 심상 노출을 불편해하는 경우, 심상 노출을 거치지 않고 바로 그리도록 한다.

둘째, 내담자가 그림을 그리고 나면 무엇을 의미하는 그림인지를 내담자에게 충분히 듣는다. 내담자는 보통 "저를 때리는 장면이에요."와 같이 자신이 그린 그림에 대해 짧게 설명하는 경우가 많다. 내담자의 이야기를 듣고 난 다음, 그 상황에서 주변에 보이는 것들을 보다 자세하게 그림 속에 그리게 한다. 예를 들어, 가구, 주변에 있었던 다른 사람, 주변 풍경, 들리는 소리 등을 되도록 자세히 그리거나 글자 등을 통해 표현하게 한다. 이러한 과정을 거치면서 그

[그림 7-1] 그림을 통한 점진적 노출 1

이 내담자는 처음에는 매를 들고 있는 학대 행위자와 자신의 모습만을 그림으로 그렸다.

리기 활동은 과거의 경험과 생생하게 연결되는 체험 작업이 될 수 있다. 예로 든 아동은 [그림 7-1]과 같이 주변이 기억나지 않는다고 해서 주위 배경은 더 그리지 않았다.

셋째, 그림 속의 등장인물에게 말풍선을 달아 주고, 등장인물이 어떤 말을 하거나 어떤 생각을 하는지 적어 보게 한다. 이는 밀스와 크로울리(Mills & Crowley, 2012)가 사용한 방법을 적용한 것인데, 만화나 그림을 통해 표현한 상황이 현재형으로 일어나는 것처럼 체험할 수 있게 도와준다.

[그림 7-2] 그림을 통한 점진적 노출 2

내담자는 학대 행위자의 말풍선 속에는 "너 마자야게다(맞아야겠다)."라고 적고, 자신의 말풍선에는 울음소리를 적었다.

넷째, 치료자는 그림 속의 상황을 아동의 눈을 통해 바라보면서 내담자의 감정과 생각들을 공감하고 이해해 준다. 그리고 내담자가 그 상황에서 학대 행위자에게 하고 싶었던 말을 생각해 보고, 그것을 그림 속에 적게 한다. 이는 내담자에게 통제감을 갖게 할 뿐만 아니라 학대 사건과 관련된 감정과 생각을 표현하는 데 도움이 된다. 다만 점진적 노출의 초기에는 많은 내담자들이 학대 행위자에게 어떤 말을 할지 막막해하는 경우가 많이 있다.

[그림 7-3] 그림을 통한 점진적 노출 3

저자는 아동과 학대 행위자 사이에 치료자의 모습을 그리고 말풍선에 "아이를 때리지 마세요. 아이가 뭘 잘못했다고 때리는 거예요! 착한 아이를 왜 때려요."라고 적었다. 다음으로 그림 속 아동에게 말풍선을 달아 주고, 하고 싶은 말을 적어 보게 했다. 아동은 자신의 말풍선에 "저가 아무것도 않해는대 때려요(제가 아무것도 안 했는데 때려요.)."라고 적었다. 그러고는 학대 행위자의 오른쪽에 커다란 인물을 하나 그린 뒤, 그 인물이 학대 행위자를 붙잡는 모습을 그렸다.

다섯째, 그림으로 표현한 상황이 내담자에게 지나친 무력감과 압도감을 주는 경우에 치료자는 앞서 언급한 '심상으로 각본 다시 쓰기'(Beck, Freeman, & Davis, 2004/2008)를 응용해서 사용할 수 있다. 먼저 내담자의 그림 속에 치료자의 모습을 그림으로 그린다. 그런 다음, 당시 힘들었던 내담자를 위로해 주는 말이나 학대 행위자에게 항의하는 말을 치료자 그림의 말풍선에 적는다. 이를 통해 학대받을 당시 취약하고 무력했던 내담자의 마음을 대변하고, 당시 내담자가 차마 표현할 수 없었던 다양한 감정들을 표현할 수 있게 도와줄 수 있다. 다만 이 작업은 벡, 프리먼 및 데이비스(Beck, Freeman, & Davis, 2004/2008)의 지적처럼, "환자의 아동기 현실(일반적으로 나쁜)을 왜곡하거나 대체하려는 것이 아니라 역기능적인 믿음을 교정하고, 교정적인 체험을 제공하며, 회피하거나 억압했던 감정을 불러일으키는 것"(p. 323)이라는 점을 염두에 두어야 한다.

초등학교 고학년 이상인 아동·청소년의 경우에는 과거에 학대받은 자신의 모습을 그린 그림 속에 현재의 자신을 그리도록 한 뒤, 현재의 내담자가 과거의 아동을 그림 속에서 돕도록 하는 방법도 사용할 수 있다.

3) 인형을 통한 노출

그리기를 통한 노출 방법은 그림을 그리는 데 시간이 걸리기 때문에 노출 과정이 천천히 이루어지고, 어떤 내용을 표현할지 아동이 선택할 수 있기 때문에 부담감이 덜하다는 장점이 있다. 그러나 빠르게 진행되거나 움직임이 많은 역동적인 상황을 그림으로 표현할 경우, 시간이나 노력이 너무 많이 들 수 있다. 이 경우 인형을 사용하면 역동적으로 변화하는 상황을 표현하기가 보다 쉬울 수 있다.

첫째, 점진적 노출 회기를 통해 표현하려는 상황을 먼저 정한다. 그 상황에 나오는 인물의 특징을 잘 나타내는 인형이나 피겨(figure)를 선택하게 한다. 이때 꼭 사람을 선택할 필요는 없다. 동물이나 무생물도 필요한 경우에는 사용할 수 있다. 예를 들어, 저자가 상담한 한 아동은 자신을 작은 거북이로 표현하고, 학대 행위자를 악어로 표현했다.

둘째, 내담자가 선택한 인형이나 피겨를 가지고 표현하려는 내용을 상연하게 한다(예: "이 인형들을 가지고 그때 일어났던 일들이 마치 지금 여기서 일어나고 있는 것처럼 보여 주렴."). 이 작업은 치료실의 특성에 맞춰 융통성 있게 실시할 수 있다. 만약 인형이나 피겨가 없는 일반 상담실에서는 치료자가 가족 인형(혹은 동물 인형)이나 인형극에 쓰이는 무대장치 등을 미리 준비해 두는 것이 좋다. 모래상자와 다양한 피겨가 있는 놀이치료실에서 회기를 진행할 경우에는 모래상자 안에 학대 상황을 표현하는 장면을 만들 수도 있다. 인형이나 소품이 전혀 없는 상황에서는 아동의 특별한 상상력을 활용하여 주위에 있는 단순한 물건들을 가지고도 진행할 수 있다. 예를 들어, 필통을 집으로, 지우개는 자신으로, 볼펜은 가해자로 상상하여 인형극을 상연할 수도 있다.[3] 다음은 학대를 받은 미취학 아동과의 치료 과정에서 인형을 활용한 예다.

저자: (책상 위의 한 인형을 가리키며) 얘를 그 사람이라 치고, (다른 인형을 가리키며) 얘가 너라고 하면 그 사람이 어떻게 했어?

아동: 술 사와 가지고요. 다시 돈 내놔. 그래 가지고요. 흐흐(우는 소

리를 흉내낸다). 슬 미서서. ㄱ다음에 다시 그 사람이에요. 이
렇게 발로 밟았거든요. (어른의 말투를 흉내낸다.) 왜 돈이 없
는 거야. 밟아 가지고요. 저 죽어……. 저 피나 가지고요. 우리
할머니 어딨지?

저자: (인형을 하나 주며) 여기 있다.

아동: 가짜로 우리 할머니가 여기 있다고 해요. 할머니가 와서 그 사
람이 너 쳤지? 저를 데꾸 가서, 가자가자. 끌고 가는 거예요. 여
기가 거리라 그래요. 여기서 살구, 밥을 안 먹는 거예요. 그래서
요. 할머니가 배고파서요. 배고프고 춥고 이렇게 했어요. 제가
요, 밥을 굶었거든요. 할머니하고 살고, 밥을 굶거든요. 그 사
람하고 살면 때리고 밥도 주고, 우리 할머니는 때리고 밥을 안
주고. 할머니는 막 때려요.

이 아동은 점진적 노출 치료가 진행되면서 학대 행위자에 대한
감정을 인형을 통해 다음과 같이 표현하였다.

저자: (남자 인형을 하나 들어 가리키며) 이 사람이 아빠라고 쳐 봐.
그러면 뭐라고 말하고 싶어?

아동: 막 죽이고 싶고 그래요.

---

3) 아동은 상상력을 통해 일상의 물건에 생명력을 부여하는 마법을 가지고 있다.
귀신과 관련된 한국 고전 서사를 연구한 윤혜신(2010)의 책에 실린 삽화는 이
를 잘 보여 준다. "어린 시절 한 남자아이와 소꿉놀이를 한 적이 있다. 아이가
통을 가져와 양말 뭉치를 꺼내며 말했다. 하양 양말은 공주, 빨강 양말은 왕자,
깜장 양말은 마귀할범. ……나는 이 말을 듣고는 우리 집으로 달려왔다. 깜장
양말이 진짜 마귀할범처럼 나를 바라봤기 때문이다. 너무 무서웠다." (p. 139)

저자: 그걸 말로 표현해 봐. 화난 마음을, 있는 힘껏, 아빠가 알아듣게. 고함 질러도 돼.

저자: 아빠, 왜 나를 싫어해. 아니면 아빠가 인형이었으면 난 때리고 싶다고. 아빠는 나를 인형이라고 생각하지, 다 알아. (이야기를 하면서 목소리에 울음소리가 섞임) 그게 끝이에요. 너무 속상해서 말을 다 못하겠어요.

저자: 아빠에 대한 속상한 마음이나 화나는 마음을 선생님한테 얘기해 줘 봐. 그러면 선생님이 이해해 줄 수 있을 것 같아.

아동: 그러면 씹을 거예요?

저자: 응. 선생님 지금 계속 속으로 씹어서 버리고 있어.

아동: 근데요. 제가요. 아빠, 엄마를 아주 옛날에 엄마 뱃속에서, 아빠하고 엄마하고 착했는 줄 알았거든요. 속으로 얘기했어요. 이렇게요. 제가요. (아주 어린 애기 목소리로) 아빠, 엄마 사랑해. 아빠, 엄마, 나 태어나게 해 줘서 고마워. 이렇게 속으로 얘기했거든요.

저자: 그래, 응.

아동: 근데요. 제가 커 가지고 발로 찼거든요. 태어나 가지고 응애 울어 가지고, 엄마 아빠는 저를 싫어하는 것 같았어요. 저를 왜 싫어할까요?

[그림 7-4]는 초등학생 내담자와의 점진적 노출 치료 과정에서 아동이 모래상자로 학대 상황을 표현한 장면이다. 여기서 내담자는 어린 인형(그림의 왼쪽)으로 자신을 표현하고, 수갑 찬 도둑(그림의 가운데)으로 학대 행위자를 표현했다. 그리고 학대가 벌어지는

상황을 인형으로 움직여 가면서 개연하였다. 아동은 이 상황을 대충 빨리 표현하고 넘어가려고 하였다. 저자는 영화를 되감기하여 천천히 재생하는 비유를 들면서 학대 기억을 보다 자세히 처리할 수 있도록 도왔다.

[그림 7-4] 모래상자를 통한 학대 상황의 표현

4) 찰흙의 사용

찰흙 역시 점진적 노출 과정에서 유용하게 사용될 수 있다. 학대 행위자의 얼굴, 학대 행위자가 자신을 때릴 때 사용했던 처벌 도구, 맞고 있는 자신의 모습 등 다양한 것을 찰흙을 통해 표현할 수 있다. 찰흙은 단독으로 사용할 수도 있고, 인형 놀이와 함께 사용할 수도 있다. 저자가 상담했던 한 아동은 학대 행위자에 대한 분노감을 표현하는 수단으로 찰흙을 이용하여 여러 가지 똥 음식을 만들고는 그것을 학대 행위자에게 먹이는 장면을 표현했다. 찰흙은 인형과는 달리 형태를 자유자재로 변화시킬 수 있기 때문에 이러한 특성을 사용한 다양한 응용이 가능하다. 예를 들어, 학대 행위자의 얼굴을 만든 뒤에 그것을 주먹으로 뭉개는 것이 가능하고, 내담자가 입은 마음의 상처를 표현하기 위해 내담자의 모습을 찰흙으로 만들 때 가슴 부위에 구멍을 뚫어놓는 모습을 표현할 수도 있다. 또한 찰흙은 가격이 싸고 인공적인 느낌이 별로 없다는 점에서 좋은 재료다. 다만 잘 관리하지 않으면 쉽게 굳는다는 점에서 보관에 주의가 필요하다.

5) 꿈 작업

외상을 겪은 아동은 자신이 겪은 외상을 꿈을 통해 재경험하는 경우가 많다. 저자와 상담했던 여러 외상 피해자들이 상담 과정에서 시체들로 가득한 거리를 걷거나, 살인자나 좀비 그리고 정체를 알 수 없는 귀신이나 유령에게 쫓기는 끔찍한 꿈을 이야기했다. 반복적인 악몽에 시달리는 내담자의 경우에는 내담자가 꾸는 악몽을 점진적 노출의 위계에 포함시켜서 함께 다룰 수 있다. 집에서 해오는 과제로 꿈을 그리거나 적어 오게 하고, 그것을 상담 시간에 같이 이야기해 볼 수 있다.

한 초등학생 내담자는 학대 과정에서 사별한 친척이 귀신으로 나오는 악몽을 계속해서 꾸었다. 이 아동은 치료 시간에 자신이 꾸었던 악몽을 그림으로 그려 왔다.

[그림 7-5]를 보면, 그림 왼쪽에 아동이 있고 오른쪽에는 죽은 친척이 있다. 죽은 친척의 말풍선에는 "○○(내담자 이름)야, 나야 나"라고 적혀 있고, 다른 말풍선에는 "어디가"라고 적혀 있다. 울고 있는 내담자의 말풍선 2개에는 "으아 귀신이다. 도망가자" "도망가잔아(도망가자). 으악. 사망"이라고 적혀 있다. 내담자는 저자에게 그림을 보여 주면서 꿈속에서 귀신이 쫓아와서 겁에 질려 숨이 멎어 죽을 뻔했다고 말했다. 그리고 다른 악몽도 꾸었는데, 그 악몽에서는 자신이 밧줄을 가지고 무덤에 가서 귀신을 목 졸라 죽였다고 한다. 평상시에도 문을 열어 두면 '우우' 하는 유령 소리가 들릴 때가 많다고 했다.

이 아동이 꾼 악몽에는 죽음에 대한 공포와 혼자 살아남았다는

[그림 7-5] 죽은 친척이 나오는 꿈 1

죄책감이 함께 담겨 있던 것으로 보인다. 아동은 '귀신' 이 자신을 죽음의 세계로 데려갈지 모른다고 두려워하고 있었다. 하지만 학대 기억에 대한 점진적 노출 과정을 거치면서 점차 아동은 귀신이 쫓아오면서 "잘 지내니?"라고 외치는 말을 "너만 혼자 살아남아서 잘 지내도 되는 거니?" 또는 "너 혼자 잘 지내지 말고 너도 빨리 죽어서 이리로 와라."는 비난의 의미가 아니라 "네가 이승에서 잘 지내는지 궁금했어. 나는 저승에서도 네가 잘 지내길 바라고 있단다."라는 선의의 의미로 재구성하게 되었다.

점진적 노출이 어느 정도 진행된 이후, 아동은 새로운 꿈 그림을 그려 왔다([그림 7-6] 참조). 꿈속에서 아동은 눈을 뜨고 옆에 있는 친척을 바라보며 웃고 있다. 아동의 말풍선에는 각각 "XX(사별한 친척의 이름)안녕 나 ○○(내담자 이름). 보고 싶어 봐서 기뻐. XX도

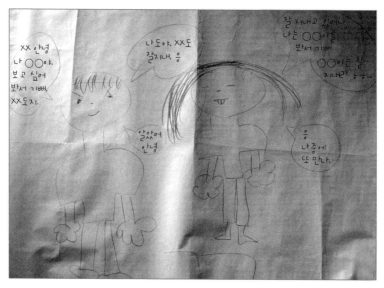

[그림 7-6] 죽은 친척이 나오는 꿈 2

지."와 "나도야, XX도 잘 지내 응."이라고 적혀 있다. 친척의 그림에도 말풍선이 2개 달려 있는데, 각각 "나 XX야 잘 지내고 있어니(있었니). 나는 ○○이를 봐서 기뻐. ○○이는 잘 지내라 ㅎㅎ……." "응 나중에 또 만나."라고 적혀 있다.

이 꿈속에서 아동의 친척은 이전과 비슷하게 "잘 지내고 있니?"라고 내담자에게 물어보지만 꿈속의 아동은 더 이상 그 말에 질겁하며 도망치지 않는다. 저자가 아동에게 꿈꿀 때 어땠냐고 물어보니 아동은 죽은 친척을 다시 봐서 좋았고 꿈이란 것을 알고 실망했다고 말했다.

꿈속에서 만난 친척은 실제의 '친척'이 아니다. 존재하는 것은 아동의 마음속에 남아 있는 '친척'에 대한 이미지다. 아마도 아동은 그동안 사별한 친척이 보고 싶으면서도 그와 결부된 죽음과 학대의 기억을 떠올리는 것이 두려웠을 것이다. 죽은 친척에 대한 '그리움'과 '공포'가 아동 마음속에서 융합되어 "잘 지내니?"라고 물으며 내담자를 계속 찾아오는 무서운 귀신의 모습으로 꿈속에 나타났을 것이다.

하지만 점진적 노출 과정을 거치면서 학대 기억이 정리되고, 친척과 있었던 긍정적인 기억들이 되살아나면서, 친척은 더 이상 내담자를 박해하는 대상이 아니라 원래의 그리운 모습 그대로 내담자의 마음속에 되살아난 것으로 보인다.

이 아동이 마지막으로 그려 온 꿈 그림([그림 7-7] 참조)을 보면, 아동의 마음속에 긍정적인 모습으로 되살아난 친척의 모습이 잘 나타나 있다.

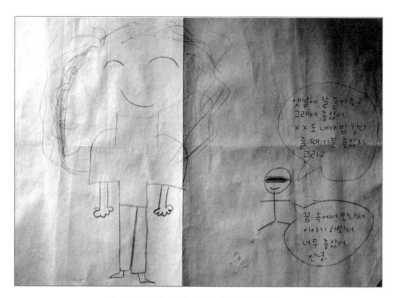

[그림 7-7] 죽은 친척이 나오는 꿈 3

6) 이야기 만들기

이야기 만들기(mutual storytelling)는 가드너(Gardner, 1971)가 소개한 것으로 내담자와 치료자가 돌아가며 하나의 이야기를 만들어 가는 과정을 통해 내담자의 갈등과 생활 방식 등을 표현할 수 있도록 돕는 것이다. 내담자가 먼저 이야기를 하고 나면, 치료자는 내담자가 사용한 인물과 줄거리를 사용해서 이야기를 진척시킨다. 그런 다음, 다시 내담자가 치료자의 이야기를 받아서 이야기를 더 진척시킨다.

저자의 경우에는 가드너의 방식을 그대로 사용하기보다는 내담자가 학대 경험을 표현할 수 있도록 돕는 목적으로 이 방법을 변형

하여 사용하였다. 다음은 저자가 이야기 만들기를 사용하여 점진적 노출을 진행했던 한 아동과의 상담 기록이다. 스케치북에 그림을 그려 가면서 이야기를 만들었다([그림 7-8] 참조).

저자: (스케치북에 두 아이를 그리면서 이야기한다.) 옛날 옛날 어떤 집이 있었어요. 이 집에는 한 아이와 그의 동생이 살고 있었어요.

아동: 누구예요?

저자: 너랑 비슷한 나이의 아이야.

아동: 나하고 동생?

저자: 둘은 서로를 아꼈어요. 오빠는 동생을 아끼고 보살펴 주었고, 동생은 오빠를 따랐어요. 같이 함께 놀기도 하고 어려운 일도 겪었어요. (스케치북에 공룡을 그리며) 이건 뭘까?

아동: 공룡.

저자: 무서운 공룡이 나타났어요.

아동: 티라노사우루스.

저자: 이 무서운 괴물은 아주 힘이 셌어요.

아동: 뿔도 달렸어요. 육식공룡.

저자: 무서운 뿔이 달린 육식공룡이었어요. 오빠와 동생은 이 육식공룡에게 사로잡히지 않기 위해 막 싸웠어요.

아동: (여자아이의 손에는 화살을 그리고, 남자아이의 손에는 창을 그린다.)

저자: 창을 들고 이 괴물에게 덤볐어요.

아동: (공룡에게 화살을 날리는 모습을 스케치북에 그린다.)

[그림 7-8] 이야기 만들기를 하면서 저자와 아동이 그렸던 그림

저자: 그리고 화살을 가지고 이 공룡에게 맞서 싸웠어요. 그리고 도
    망칠 수 있었어요. (조그만 집을 그린다.) 멀리 산에 있는 조그
    만 움막에 가서 숨어 있기도 했어요. 그래서 이 공룡이 잠들 때
    쯤 밤에 돌아왔어요. 그렇지만 이 공룡은 너무 힘이 셌어요. 이
    어린이 둘이 감당하기에는. 그래서 어떻게 됐지? 그 다음은?

아동: 집으로 돌아가서 같이 놀았어요.

저자: 그래. 집에 숨어서 동생이랑 오빠는 함께 놀았어요. 그런데 공
    룡이 다가와서 이 집을 쿠궁쿠궁 흔들었어요.

아동: 방어 쉬이익. (집 주위에 방어막을 그린다.) 강철 추리이쉬. (방
    어막을 여러 겹 그린다.)

제8장
학대 관련 사고와 감정의 처리

제8장 학대 관련 사고와 감정의 처리

설혹 그녀가 발작적인 경련이나 몸짓을 내보인다 해도 그녀는 자신의 그런 의도된 행동들을 의식적으로 재현해 낼 수도 없다. 어쩌면 그런 행동을 무심히 바라보는 구경꾼처럼 그렇게 무심한 감정으로 그런 행동을 감지할 뿐인지도 모르는 일이다. 그렇지만 분석을 통해서는 그녀가 자신의 삶에서 일어났던 어떤 사건을 극적으로 재현하는 데 적극적인 역할을 하고 있다는 사실을 알 수 있다. 바로 그 사건의 경우에는 그 기억이 발작 중에도 무의식 속에서 계속 활동을 하고 있었던 것이다.

– 프로이트(Freud, 1912/2004, p. 30)

이 장에서는 학대 관련 사고와 감정의 처리에 초점을 둔 여러 활동을 살펴본다. 학대를 받은 아동·청소년은 학대 사건을 직접적으로 다시 겪지 않는다 해도 관련된 사소한 자극이나 사건에 의해 이전에 겪었던 학대 사건이 재경험되면서 심리적 혼란에 빠질 수 있다. 따라서 학대 경험의 후유증을 줄이기 위해서는 촉발 자극에 대처하는 능력을 키우는 것이 중요하다. 이를 위해 학대 기억을 떠올리게 하는 단서들(triggering events)을 확인하고, 이에 대한 대처 방법을 찾는 활동을 이 장의 첫 부분에 실었다.

많은 경우 학대 피해 아동은 자신이 '나쁜 아이'라서 학대 행위자가 자신을 학대했다고 생각한다. 한 아동은 저자와의 상담에서 학대 행위자가 자신을 때려도 부모라는 생각에 따라다녔는데 어느 날 "너는 내 자식도 아니고 내가 키우기도 힘드니 어디 나가서 죽어라."라는 학대 행위자의 말을 들은 뒤에 차도에 뛰어들어 자살을 시도하였으나 차가 비껴가면서 겨우 살 수 있었다고 말하였다. 또 다른 아동은 상담에서 "저 혼자 죽고 싶고, 전 없었으면 좋겠어요. 저도 나쁘고, 우리 아빠도 나쁘고, 우리 엄마도 나쁘구요."라고 토로하며 눈물을 흘렸다. 자신에게 문제가 있기 때문에 사랑받지 못하고 학대를 당했다는 생각은 학대가 중단된 다음에도 계속 마음에 남아서 아동을 힘들게 할 수 있다. 따라서 이 장의 두 번째 부분에서는 학대의 발생 원인을 보다 객관적으로 생각할 수 있도록 돕는 활동을 실시한다.

부모로부터 학대를 받은 피해 아동은 학대 행위자에 대해 미움이나 적대감 하나만을 가지고 있는 경우는 드물다. 학대 행위자에 대한 애착으로 인해, 두려워하면서도 학대 행위자로부터 사랑받고 인정받고 싶은 마음을 가지고 있는 경우가 많다. 학대 행위자에 대한 복합적인 감정은 학대 행위자에 대한 감정을 정리하는 것을 어렵게 할 수 있다. 그래서 이 장의 세 번째 부분에서는 학대 행위자에 대한 분노의 감정과 학대 행위자로부터 사랑받고 싶은 욕구를 각각 분리시켜 표현할 수 있도록 돕는다. 이 외에도 이 장에는 학대 행위자에게 편지 쓰기, 학대와 관련된 상실을 애도하기, 고통을 겪었던 자신을 위로하기와 같은 활동들이 포함되어 있다.

1. 학대를 떠올리게 하는 중립 사건에 대한 처리

첫째, 먼저 학대 기억을 촉발하는 것이 무엇인지 중립 자극을 확인한다. [그림 8-1]과 같은 그림을 제시하고 내담자와 함께 찾아보

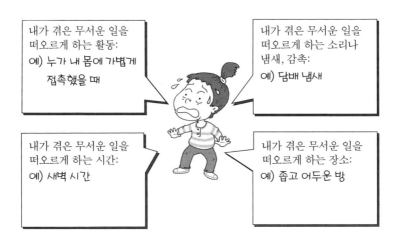

내가 겪은 무서운 일을 떠오르게 하는 활동:
예) 누가 내 몸에 가볍게 접촉했을 때

내가 겪은 무서운 일을 떠오르게 하는 소리나 냄새, 감촉:
예) 담배 냄새

내가 겪은 무서운 일을 떠오르게 하는 시간:
예) 새벽 시간

내가 겪은 무서운 일을 떠오르게 하는 장소:
예) 좁고 어두운 방

[그림 8-1] 학대를 촉발하는 중립 자극 확인

도록 한다.

둘째, 학대 기억을 촉발하는 중립 자극들을 찾고 나면 그에 대한 내담자의 반응을 확인한다. 그리고 내담자의 반응이 차후 발생할지 모르는 위험을 피하게 해 주는 합리적인 안전 행동인지, 아니면 본질적으로 무해한 자극에 대한 과도한 회피 반응인지를 내담자와 함께 논의한다. 예를 들어, 밤길에 후미진 골목에서 술 취한 남자에게 폭력을 당한 아동·청소년이 밤길을 걷거나 후미진 골목에 들어가는 것을 피하는 것은 잠재적 위험에 노출되는 것을 막아 주는 합리적인 안전 행동일 수 있다. 따라서 밤길에 대한 두려움을 둔감화하는 것은 내담자의 자연스러운 방어 체계를 훼손하는 것이 될 수 있다. 반면, 부모가 매우 뜨거운 물로 목욕을 시켜서 온몸에 화상을 입은 아동이 이후 목욕을 하거나 물로 씻는 것을 회피하는 것은 내담자의 일상생활에 지장을 주는 과도한 회피 반응일 수 있다.

셋째, 학대를 상기시키는 자극에 대해 내담자가 비합리적이고 과도한 회피 반응을 보이는 경우, 학대를 상기시키는 자극에 대한 내담자의 과도한 불안감을 둔감화시키기 위한 노출 계획을 세운다. 학대 경험에 대해 점진적으로 노출의 강도를 높이는 것과 마찬가지로 회피 반응을 보이는 촉발 자극에 대해서도 내담자가 감당할 수 있는 수준 내에서 점차적으로 노출의 강도를 높여 간다. 필요한 경우에는 직접 노출 방법을 통해 불안감을 둔감화한다.

2. 학대의 원인 찾기

피해 아동이 학대의 발생 원인을 보다 객관적으로 생각할 수 있도록 돕는 활동을 실시한다. 이를 위해 다음과 같은 과정을 거친다.

첫째, [그림 8-2]와 같은 자료를 내담자에게 제시하고, 내담자가 어떤 의견에 동조하는지를 물어본다.

[그림 8-2] 학대의 원인 찾기 1

둘째, 만약 내담자가 학대의 원인을 자기 때문이라고 생각하고 있다면, 그 이유에 대해 구체적으로 확인한다. 예를 들어, 내담자가 "내가 엄마 말을 잘 안 들어서 엄마가 나에게 밥을 안 주고 나를 계단에서 밀었어."라고 말하는 경우에는 학대 행위자의 말을 안 들었던 구체적인 상황을 확인한다. 그리고 소크라테스식 문답을 통해 설령 아동이 잘못을 했더라도 그런 심한 학대를 해도 괜찮은지를 생각해 보게 한다. 피해 아동의 절친한 친구나 가까운 친척이 내담자에게 비슷한 잘못을 했을 때, 내담자가 친한 친구나 친척을 학대하지 않는 이유에 대해 생각해 보게 할 수도 있다. 혹은 "네가 강아지를 키우는데 강아지가 실수로 방바닥에 오줌을 누었어. 그때 너는 네 아빠가 그랬듯이 강아지에게도 그런 벌을 내리겠니? (아동의 반응을 들은 다음) 그런 벌을 내리지 않는다면 그 이유는 뭐니?"

와 같이 아동이 좋아하는 애완동물을 매개로 소크라테스식 대화를
하는 것도 좋다.

셋째, 학대 행위자가 내담자를 학대한 이유가 내담자가 아닌 다
른 원인에 있다고 가정하고 그에 대해 생각해 보게 한다. 되도록 많
은 원인들을 찾도록 돕는다. 이때 [그림 8-3]과 같은 자료를 사용할
수 있다.

[그림 8-3] 학대의 원인 찾기 2

3. 어린이 법정 놀이

학대 행위자의 학대 행동에 대해 정당한 분노감을 표현하게 돕는
것은 학대와 관련된 자책감과 심리적 무력감을 줄이는 데 도움이

될 수 있다. 하지만 부모로부터 학대를 받은 경우, 학대 행위자에 대한 애착과 학대 행위자로부터 사랑받고 싶은 욕구로 인해 분노감을 표현하는 데 어려움이 있을 수 있다.

따라서 학대 행위자에 대한 감정 표현을 촉진하기 위해 학대 행위자에 대한 분노감과 학대 행위자로부터 보살핌을 받고 싶은 마음을 모두 인정하고 이를 각각 따로 표현하는 방법을 사용할 수 있다. 이를 촉진하는 활동으로 '어린이 법정 놀이'를 소개한다.

'어린이 법정 놀이'는 학대 행위자에 대한 복수와 용서, 정의의 회복을 역할극이나 그림을 통해 상징적으로 경험할 수 있게 돕는 활동이다. 놀이를 통해 학대의 책임이 누구에게 있는지를 명백히 밝히고, 학대 행위자의 학대 행동에 대해 상징적인 처벌을 내린다. 학대 행위자가 아동에게 가한 학대가 옳지 않다고 판결을 내리는 것은 아동의 억울한 감정을 해소하는 데 도움이 될 수 있다. 학대 행위자로부터 사랑받고 싶은 마음을 표현할 수 있는 활동 역시 '어린이 법정 놀이'에 포함하고 있다. 진행 방법은 다음과 같다.

첫째, 이 활동을 위해 재판관, 피해자, 학대 행위자를 나타내는 인형 3개와 감옥이나 법정을 상징하는 장난감이 필요하다. 적절한 장남감이 없을 경우에는 장난감 벽돌이나 필통 등을 가지고 감옥이나 법정을 만들 수도 있다. [그림 8-4]는 한 초등학생 내담자가 학대 행위자의 잘못을 표현한 그림이다. 그림 속에서 아동은 학대 행위자의 잘못으로 "때리고 밥을 아조다(안 줬다). 아이를 미워했다."라고 적었다. 그리고 그 때문에 자신이 "슬퍼고(슬펐고)"라고 썼다.

둘째, 학대 행위자가 했던 나쁜 행동들이 충분히 이야기되고 나

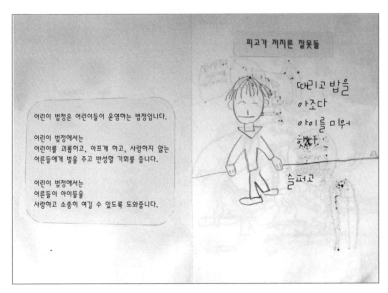

[그림 8-4] 어린이 법정 놀이 1: 가해자의 잘못

면 학대 행위자에게 줄 상징적인 벌을 결정하는 단계로 넘어간다. 아동이 '통쾌한 감정'을 느낄 수 있는 창의적인 판결을 내릴 수 있게 한다. 〈표 8-1〉과 같은 카드를 보여 주고 이 중에서 선택하게 할 수도 있다.

이 아동은 학대 행위자가 받을 벌로 '사막에 가둔다.'를 먼저 선택하고 왼쪽 아랫부분에는 학대 행위자가 사막에 갇혀 있는 모습을 그렸다. 학대 행위자를 감시하기 위해 주위에는 전갈들을 그렸다. 그리고 학대 행위자가 갇혀 있는 탑에는 전기막을 둘렀다. 저자가 말풍선을 달아 주자, 아동은 말풍선에 "못나오게다 저기도처나고 저갈도 이고(못 나오겠다. 전기도 쳐 놨고, 전갈도 있고.)"라고 적었다. 다음으로 아동은 '괴물이 사는 섬에 가둔다.' 카드를 선택한 뒤 귀신이 사는 섬에 갇힌 학대 행위자를 그렸다. 아동은 학대 행위자의

<표 8-1> 어린이 법정 놀이에서 주는 벌

화장실 청소를 _____ 동안 시킨다.	매운 고추를 _____ 개 먹인다.	사막에 _____ 동안 가둔다.
맛없는 당근을 100개 먹게 한다.	한쪽 발로 1시간 동안 서 있는다.	반성문을 _____ 장 쓴다.
괴물이 사는 섬에 가둔다.	무인도에 _____ 동안 가둔다.	손을 들고 _____ 동안 서 있는다.
운동장을 _____ 바퀴 돈다.	엎드려 절하고 사과한다.	북극에 가서 _____ 동안 산다.

[그림 8-5] 어린이 법정 놀이 2: 학대 행위자에게 내리는 벌

말풍선을 스스로 그린 뒤 "으악 나 살려 괴신섬에 오기 실라말이야 (귀신 섬에 오기 싫단 말이야). 무서워."라고 적었고, 귀신의 말풍선 에는 "너 이제 끄장이야(끝장이야). 하하하 너 이제 잘 가라 이야 칼

주먹펀치"라고 적었다. 위쪽 여백에는 자신의 모습을 그렸다. 그리고 그 옆에 저자의 모습을 그려 달라고 말했다. 저자는 아이 모습 오른쪽에 저자의 모습을 그린 뒤 말풍선으로 "다시는 아이들 때리지 마세요. XX가 얼마나 슬펐는데요."라고 적었다. 이어서 아동은 자기 그림 옆에 말풍선을 그리고 "그러니까 저를 때려서 그게 벌이에요."라고 적었다. 마지막으로 '한쪽 발로 3시간 동안 서 있는다.' 카드에서 3시간을 103시간으로 바꾼 뒤 왼쪽 윗부분에 한 발로 벌을 서고 있는 학대 행위자의 모습을 그렸다. 학대 행위자의 말풍선에는 "너무너무 무시한거(너무 무시무시한 것) 아니야."라고 적혀 있다.

셋째, 잘못을 저지른 어른이 잘못을 보상하기 위해 아동에게 어떤 보상 행동을 할지를 내담자에게 결정하도록 한다. 이 활동은 학대 행위자에게서 사랑과 돌봄을 받고 싶은 마음을 표현할 수 있게 돕는 활동이다. 내담자 스스로 생각해 보게 하거나 또는 〈표 8-2〉와 같은 카드를 보여 주고 그중에서 선택하게 할 수도 있다.

〈표 8-2〉 잘못에 대한 보상 활동

초콜릿을 사 준다.	놀이공원에 데려간다.	매일 집에서 놀아 준다.
잘못했다고 사과한다.	매일 놀이터에 같이 가서 논다.	매일 손잡고 산책을 간다.
사랑한다고 말하고 매일 3번씩 뽀뽀해 준다.	매일 3번씩 따뜻하게 안아 준다.	예쁜 인형을 사 준다.
변신 합체 로봇을 사 준다.	바닷가에 같이 놀러 간다.	자기 전에 늘 동화책을 읽어 준다.

[그림 8-6]에 나타나 있듯이, 이 아동은 학대 행위자가 보상 활동으로 자신에게 해 줄 일로 '매일 같이 놀아 준다.'를 선택했다. 그리고 학대 행위자와 함께 모래밭에서 노는 장면을 표현했다. 먼

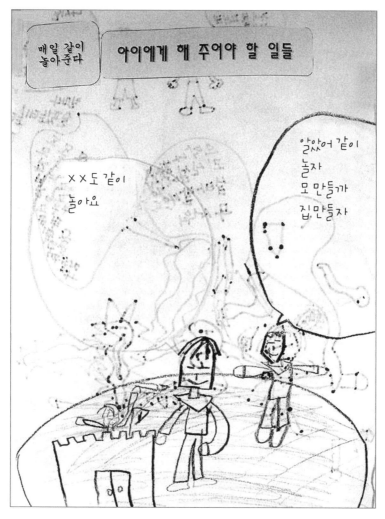

[그림 8-6] 어린이 법정 놀이 3: 벌에 대한 보상 활동

저 중앙에 자신의 모습을 그린 뒤에 말풍선에는 "XX(학대 행위자)
도 같이 놀아요."라고 적었다. 그리고 학대 행위자의 모습을 그린
다음 그 말풍선에는 "같이 놀자 모(뭐) 만들까 집 만들자.' 라고 적
었다.

[그림 8-7]은 초등학생 내담자와의 치료 과정에서 모래상자를
사용해 학대 행위자에게 분노감을 상징적으로 표현하게 한 예다.

이 아동의 경우에는 학대 행위자가 부모가 아닌 다른 사람이었기
때문에 학대 행위자에 대한 분노감을 좀 더 편하게 표현할 수 있었
다. 저자는 이 아동에게 학대 행위자에게 벌을 주는 장면을 그림,
인형, 모래상자 중에서 선택하라고 제안하였고, 아동은 모래상자
를 선택했다. 아동은 헐크와 공룡, 왕뱀, 거대 문어들이 한꺼번에

[그림 8-7] 어린이 법정 놀이 4: 학대 행위자를 공격하는 동물들

학대 행위자를 공격하는 장면을 표현하였다. [그림 8-7]에서 학대 행위자의 피겨는 동물들에게 파묻혀 보이지 않는다. 학대 행위자가 공격당하는 장면을 아동(모래상자 벽에 붙어 있는 인형)과 부모, 그리고 바이올린을 든 악사가 쳐다보고 있다. 바이올린을 든 악사는 치료자로 보이는데, 아동이 치료자를 상징하는 피겨로 '음악 연주자'를 선택했다는 점이 인상적이었다.

학대 행위자를 처벌하고 싶은 마음과 학대 행위자에게서 돌봄을 받고 싶은 마음을 상징적으로 시연하는 것은 학대 행위자에 대해 가진 사랑과 미움, 복수와 용서의 엇갈리는 마음을 각각 분리해서 표현하고 이를 다시 통합하는 과정이기도 하다. 치료에서 아동은 학대 행위자에게 주고 싶은 벌과 학대 행위자로부터 받고 싶은 것을 매우 고심해서 선택하곤 한다.

4. 학대 행위자에게 편지 쓰기

노출 치료 과정에서 느낀 생각들을 종합하고, 학대 행위자에 대한 감정을 표현하는 수단으로 편지 쓰기 활동을 활용할 수 있다. 자신과 학대 행위자의 모습을 그림으로 그린 후 말풍선을 통해 학대에 대한 자신의 총체적인 생각을 표현하게 하거나 편지지에 학대 행위자에게 하고 싶은 말을 적게 할 수도 있다.

영, 클로스코 및 바이샤르(Young, Klosko, & Weishaar, 2003/2005, p. 181)는 부모에 대한 감정을 표현한 편지를 부모에게 실제로 보내는 것에 대해 반대했는데, 이는 부모에게 보낸 편지로 인해 부모가 우울해지고 내담자가 죄책감을 느끼거나 가족으로부터 멀어질 수 있다는 점을 우려했기 때문이다. 학대 피해 아동·청소년의 경우에도 마찬가지다. 학대 행위자에 대한 적나라한 감정이 담겨 있는 편지를 전달할 경우, 내담자가 기대하는 이해와 공감 대신에 예상치 못한 반응이 학대 행위자로부터 돌아올 수 있다.

학대 행위자에 대한 편지 쓰기 활동은, 아동으로 하여금 자신이 겪은 경험에 대해 숙달감을 느끼고 학대 행위자에 대해 심리적으로 자신감을 갖도록 돕는 데 목적이 있다. 그동안 두려워했던 학대 행위자에게 하고 싶은 말을 한다는 행위 자체가 아동에게 커다란 용기와 힘을 가져다줄 수 있다. 실제로, 학대 행위자에 대해 편지 쓰기 활동을 하고 나서 아동이 웃으며 편안해하는 경우를 여러 번 볼 수 있었다.

한 초등학생 내담자는 편지 쓰기 활동에서 비가해 부모에게는 "XX 사랑해요 그동아(그동안) XX말 아들어서(안 들어서) 죄소해요(죄송해요) XX 거기 재미 있서서요(있었어요) 설렁탕 맛이서서요(맛있었어요) 바다까도재미있서서요(바닷가도 재미있었어요)."라고 적었고, 학대 행위자에게는 "이유어이때리(이유 없이 때려서) 내 기믄 슬퍼어요(내 기분 슬펐어요) 때리마세요(때리지 마세요) 때리며(때리면) 또 벌 세울꺼에요(세울 거예요)."라고 적었다.

또 다른 초등학생 내담자는 학대 행위자에게 다음과 같은 편지를 썼다. "저를 괴롭히고 때리고 그러니까 벌을 받지요. 놀려 주고 싶은 거 알지요. 할매몬아. 느려 빠진 거북이야. 할매몬에게 물을 한 번 끼얹져 주고 싶네. 할매몬 같은 XX는 처음 보았다. 똑같이 해 주고 싶네. 메롱 약 오르지. XX 같은 XX는 엿 먹는 게 최고야. XX는 경찰소에 끌려가 되지는 게 훨 나. 이 할매몬아. 너 이 멍청아." 이 내담자의 학대 행위자는 의붓부모로서 매우 심한 학대 행위를 하여 법률적인 처벌을 받았다.

마지막으로, 한 내담자가 학대 행위자에 대해 표현한 내용을 소개하겠다([그림 8-8] 참조). 이 내담자는 먼저 종이 위에 학대 행위자의 모습을 그렸다. 말풍선에는 학대 행위자가 자신에게 자주 했던 말인 "이 새끼야. 너 엎드려 뻗쳐!!"를 적었다. 그리고 나서 학대 행위자의 모습 왼쪽에는 "제가 잘못한 게 없으면 때리지 말아 주세요. 조금만 더, 가난해도 조금만 더 따뜻한 마음으로 보살펴 주세요. 제 이름을 불러 주세요."라고 적었고, 오른쪽에는 "XX는 나에

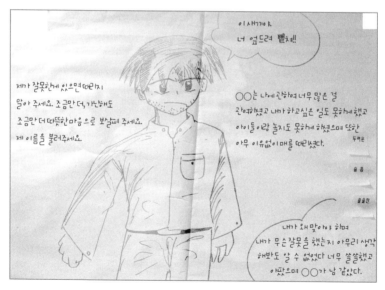

[그림 8-8] 가해 부모에 대한 그림과 편지

관하여 너무 많은 걸 관여하셨고 내가 하고 싶은 일도 못하게 했고 아이들이랑 놀지도 못하게 하셨으며 또한 아무 이유 없이 매를 때리셨다."라고 적었다. 그리고 화면 오른쪽 아래에는 "내가 왜 맞아야 하며 내가 무슨 잘못을 했는지 아무리 생각해 봐도 알 수 없었다. 너무 쓸쓸했고 아팠으며 XX가 남 같았다."라고 적었다.

5. 학대와 관련된 상실을 애도하기

학대 피해 아동이 잃어버린 것들을 인정하고 그에 대해 애도하는 것은 학대 행위자에 대한 분노감을 표현하는 것보다 훨씬 힘든 일이다. 애도를 하기 위해서는 중요한 것들을 잃어버렸고 그것들을 다시는 되찾을 수 없다는 점을 받아들여야 하기 때문이다. 반면, 학대 행위자에 대한 복수나 용서 환상 속에는 돌이킬 수 없는 상실에 대한 통렬한 인식이 결여되어 있다. 복수 환상에서 피해자는 "가해자에게 보복할 수 있다면 외상의 공포, 수치심, 고통을 제거할 수 있다고 상상한다."(Herman, 1997/2007, p. 314) 반면, 용서 환상에서는 "생존자는 자발적이지만 오만하게, 사랑으로 행동하면서 분노를 뛰어넘고 외상의 결과를 지울 수 있다고 상상한다."(Herman, 1997/2007, p. 315)

학대 피해 과정에서 상실한 사람이나 대상에 대한 애도감을 표현하도록 돕기 위해서는 학대 피해 경험에 대한 충분한 노출 과정이 먼저 이루어져야 한다. 이 과정에서 학대로 무엇을 상실했는지가 분명해진다. 이후 내담자가 상실감을 느끼는 대상에 대해 표현하

도록 도움으로써 자연스럽게 상실에 따른 애도감의 표현이 이루어
질 수 있다.

다음은 학대 과정에서 친척이 죽고 혼자 살아남은 한 초등학생
내담자가 저자와의 상담 과정에서 표현한 내용이다. 이 아동은 형
제의 죽음과 관련된 자세한 노출 치료 작업이 이루어진 직후, 화이
트보드에 그림을 그리면서 저자에게 다음과 같이 설명했다.

> 바닷속에 고래와 상어 그리고 물고기들이 사이좋게 살고 있었
> 어요. 그런데 갑자기 공룡이 나타났어요. 상어는 공룡과 싸웠지
> 만 결국 공룡에게 잡아먹히고, 바닷속의 다른 물고기들도 모두
> 공룡에게 잡아먹혔어요. (지우개를 이용해서 상어와 바닷속의
> 물고기를 모두 지운다.) 그래서 바닷속에는 고래 혼자 남았어요.
> 고래는 공룡과 싸움을 해요. 고래도 공룡도 상처를 입지만 (고래
> 와 공룡에게 상처 자국을 그린다.) 결국 고래가 공룡을 물리쳐요.
> 그리고 공룡 배 속에 있던 물고기들은 모두 살아서 다시 바다로
> 돌아와요. (지워서 텅 비었던 바닷속에 조그만 물고기들을 그린
> 다. 그렇지만 상어의 그림은 다시 그리지 않는다.)

이 아동은 다음 치료 회기에 오자마자 화이트보드에 집을 그리고
그 옆에 조그만 무덤과 비석을 그렸다. 누구의 무덤이냐고 물어보니
"XX(죽은 친척)가 죽어서 여기에 있어요."라고 말했다.

학대로 인해 친척이 죽고 혼자 살아남은 또 다른 초등학생 내담
자는 죽은 친척과 자신의 모습을 그린 뒤 말풍선을 통해 죽은 친척
에게 다음과 같이 자신의 마음을 표현하였다.

"XX(죽은 친척) 지금 나 XX랑 지금 많이 놀고 싶어. 나 XX랑 같이 그림 그리고 싶어. ○○(학대 행위자) 진짜 나빴지. 어, XX가 많이 보고 싶다. XX 잘 지내고 있어? 어, XX 무지 많이 보고 싶어 알지? 그래서 말인데 나 지금 공부 열심히 하고 있어. XX가 졸라맨 그려 준 게 생각난다. 그리고 나 학교도 잘 다닐 거야. 만나고 싶다. XX가 나랑 집 나갔을 때가 또 생각난다. 나 XX 생각만 난다. 왜 그럴까. 어, 같이 뛰어 놀고 공부하고 책도 읽고 했으면 좋겠어. XX 나를 보살펴 줘서 고마웠어. XX 생각 많이 할게."

이 작업을 한 다음 아동에게 기분을 물어보자, 아동은 쓸쓸하고 무섭다고 이야기했다. 무엇이 무섭냐고 물어보니 자신도 죽은 친척 형제처럼 그렇게 죽을까 봐 무서웠다고 하였다. 쓸쓸한 것에 대해 묻자 아동은 한참 이리저리 말을 돌리고 농담하며 웃는 표정을 지으려고 하다 무릎에 고개를 숙이고 울음을 터뜨렸다.

6. 고통을 겪었던 자신을 위로하기

상처를 입고 취약해진 내면의 마음을 아동이 스스로 위로할 수 있도록 돕기 위해 다음과 같은 활동을 실시할 수 있다.

첫째, [그림 8-9]과 같은 자료를 아동에게 제시하며, 내면의 상처 입은 마음을 돌보는 작업의 필요성을 전달한다.

우리 마음속에는 엄마, 아빠에게 충분히 사랑과 보살핌을 받지 못해서 혼자서 울고 있는 조그만 아이가 있어요. 이 아이는 엄마, 아빠에게 사랑받고 싶었지만 엄마와 아빠는 이 아이를 때리고 혼내며 슬프게 했습니다. 그래서 이 아이는 마음 깊은 곳에 멍이 들었어요. 이 아이를 파파할머니에게 데려가 볼까요?

둘째, 학대받았던 과거의 아동을 상징하는 '인형'을 준비하고, 그 인형을 위로하고 쓰다듬고 달래는 활동을 한다. 아이들을 사랑하는 '파파할머니'가 해 줄 말을 생각해 보게 한다. 먼저 상담자가 위로하고 쓰다듬어 주는 모습을 모범으로 보여 준다. 예를 들어, 다음과 같이 할 수 있다.

그래, 지금부터 이 울보를 사랑해 주고 보살펴 주자. 파파할머니라면 아마도 이렇게 얘기했을 거야. (먼저 치료자가 인형을 안고 쓰다듬어 주며) "울보야. 힘들었지. 이제는 괜찮아. 많이 아프고 슬펐을 것 같구나. 너 잘못이 아니야. 참 고생이 많았다." (아동에게 인형을 돌려주며) 이번에는 네가 울보를 보살펴 주겠니?

셋째, 집에 인형을 가져가서 자기 전에 한 번씩 인형을 꼭 안아 주고 격려해 주는 것을 숙제로 내준다.

우리 마음속에서 울고 있는 아이

옛날 옛날, 파파할머니가 살고 있었어요.
파파할머니는 아이들을 따뜻한 마음으로
사랑하고 보호해 주었어요.

마음에 상처받은 아이도 파파할머니를 만나면
따뜻한 위로와 사랑의 말을 들을 수 있었어요.

파파할머니는 이런 말을 아이들에게 해 주세요.

그것은 너 잘못이 아니란다.
정말 너는 힘든 일을 겪었지만, 잘 해냈어.
얼마나 힘들고 속상했니?
지금까지는 힘들었지만, 앞날은 더 밝을 거야.

우리도 이제 한번 파파할머니를 만나 볼까요?

[그림 8-9] 내면의 상처 입은 아이를 돌보는 파파할머니

제9장

개인 안전 기술

"하지만 나로 인해 터부가 깨지거나 다툼이 일어나는 것은 안 될 말이에요. 그
럴 만한 이유는 없어요. 모지언, 지금 같은 시기에 한 사람의 운명은 중요하지
않아요." 모지언은 검은 얼굴을 들며 말했다. "한 사람의 운명이 중요치 않다
면 무엇이 중요합니까?"

– 르 귄(Le Guin, 1966/2005, p. 77)

2000년에 개정된 「아동복지법」에 따르면 "아동의 친권자가 그
친권을 남용하거나 현저한 비행 기타 친권을 행사할 수 없는 중대
한 사유가 있는 것을 발견한 경우, 아동의 복지를 위해서 필요하다
고 인정할 때에는 친권 행사의 제한 또는 친권 상실의 선고를 청
구"할 수 있다. 개정된 「아동복지법」에 따라 아동학대에 대한 신고
의무가 명시되고, 긴급 전화가 설치되었으며, 각 시·도에 걸쳐 아
동보호전문기관이 운영되고 있다.

각 아동보호전문기관에서는 아동학대 신고를 받으면 현장조사
및 사례 판정을 통해 신고된 사례가 아동학대 사례인지 아니면 잠재
위험 사례나 일반 사례인지를 판정한다. 아동학대 사례의 경우, 아
동의 안전을 위해 긴급 격리보호가 필요한지를 평가하여 3일 이내
의 긴급 격리보호를 실시하거나 또는 원가정 내에서 보호받게 한다.
3일 이상의 격리보호 조치가 취해진 아동의 경우에도 이후 지속적
인 격리보호가 필요치 않다고 판단될 경우에는 다시 원가족으로 복
귀시킨다.

가정으로 복귀된 아동·청소년의 경우, 학대에 다시 노출될 위험이 있다. 따라서 아동·청소년에게 맞는 개인 안전 기술을 가르치는 것은 중요한 일이다. 학대가 재발하는 상황에서 아동·청소년이 사용할 수 있는 대처 방법들을 가르쳐 주고, 위험 상황을 설정하여 이에 대한 연습을 해 봄으로써 위험 상황에서 자신을 효과적으로 보호할 수 있게 하는 것이 중요하다.

이 장에서는 개인 안전 기술을 크게 네 부분으로 구성하여 살펴본다. 첫째, 위험한 순간이 닥쳤을 때 타인의 도움이 필요하다는 점을 주지시킨다. 둘째, 도움을 받을 수 있는 사람이나 기관을 확인한다. 셋째, 위험 상황에 대처하는 기본 원칙들을 교육한다. 넷째, 발생할 수 있는 위험 상황을 설정하고 이에 대한 대처 방법을 연습해본다.

1. 도움 요청하기

위험 상황에 처했을 때 주변의 도움을 받기 위해서는 당사자가 도움을 받으려는 시도를 해야 한다는 것을 알려 주어야 한다. 이를 위해 홉데이와 올리어(Hobday & Ollier, 1999)가 만든 '구덩이'(pp. 54-55)라는 활동을 활용할 수 있다. '구덩이' 활동은 다음과 같이 할 수 있다.

첫째, 깊은 구덩이에 빠진 자신의 모습을 그리게 한다([그림 9-1] 참조). 그런 다음 이런 상황에서 어떻게 하면 좋을지를 아동에게 물

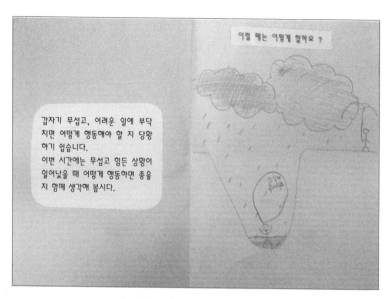

[그림 9-1] 구덩이에 빠진 아이

어본다.

둘째, 아동의 반응을 듣고 난 다음, 여러 사람들이 던져 준 밧줄
을 타고 올라가는 그림을 같이 그리면서 다음과 같이 말할 수 있다.

혼자서 해결하기 어려운 일이 발생했을 때는 믿을 수 있는 어
른에게 도움을 청하는 것이 좋단다. 어려울 때 다른 사람에게 도
움을 받는 것은 누구에게나 자연스러운 일이야. 믿을 수 있는 사
람에게 도와 달라고 얘기하는 것은 어린이가 할 수 있는 매우 용
기 있는 행동이란다.

[그림 9-2]는 치료에 참여한 아동 내담자가 그린 그림이다. 가장

앞에서 줄을 당기는 사람의 말풍선에 적힌 "힘내세요."라는 말은
저자가 쓴 것이고, 나머지 말풍선은 아동이 적은 것이다. 줄 타고
올라가는 사람은 "여러부 고마습니다(여러분 고맙습니다)." 세 번째

[그림 9-2] 구덩이에 빠진 아이를 도와주는 사람들

줄 끄는 사람은 "줄 타고 올라오세요." 맨 뒤에서 줄 끄는 사람은
"끄러(끌어) 당기세요."라고 말하고 있다.

2. 나를 지켜 주는 손가락

이 활동은 위험한 상황에서 도움을 받을 수 있는 사람들과 연락
가능한 전화번호를 확인하기 위한 것으로 홉데이와 올이어(1999)
가 만든 '나를 지켜 주는 손가락'(pp. 77-79)을 참고하였다.

흰 종이 위에 손을 올려놓게 한 뒤, 아동이나 치료자가 사인펜이
나 연필을 가지고 아동의 손을 따라서 본을 뜬다. 다음으로 무섭고
힘든 일이 발생했을 때 도움을 받을 수 있는 어른들을 손가락에 적
어 보게 한다. 기관(경찰서, 아동보호기관)의 이름을 적을 수도 있다.
전화번호를 아는 사람의 경우에는 전화번호를 적도록 한다. 이 과
정에서 치료자는 자연스럽게 아동이 선택한 사람을 신뢰하거나 좋
아하는 이유에 대해 아동과 이야기를 나눌 수 있다. 엄지손가락에
는 아동이 가장 신뢰하는 사람을 적도록 한다. [그림 9-3]은 저자와
상담했던 한 아동 내담자가 그린 '나를 지켜 주는 손가락'이다.

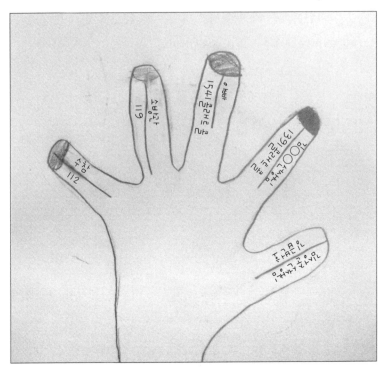

[그림 9-3] 나를 지켜 주는 손가락

3. 위기 상황에서의 대처 방법 확인하기

위험이 닥쳤을 때 사용할 수 있는 기본적인 대처 방법을 설명하고, 이에 대해 아동과 논의한다.

첫째, [그림 9-4]를 아동에게 보여 주면서 위험 상황에서 아동이 사용할 수 있는 기본적인 대처 방법에 대해 소개한다.

[그림 9-4] 자신을 지키는 어린이의 대처 방법

둘째, 몇 가지 학대 위험 상황을 아동에게 제시하고, [그림 9-4]에 나온 안전 기술 중 어떤 것을 사용하는 것이 제일 좋을지 아동과 의논한다.

4. 학대가 재발하는 상황에 대한 대처 훈련

피해 아동에게 가장 위험한 상황은 다시 어른으로부터 학대를 받게 되는 것이다. 따라서 발생할 위험성이 높은 학대 상황에 대한 구체적인 대처 훈련이 필요하다.

첫째, 내담자로 하여금 자신을 학대했던 어른과 다시 만나게 되

[그림 9-5] 학대가 재발하는 상황 확인하기

었을 때 벌어질 수 있는 위험 상황을 확인하도록 한다. 그리고 그런 상황이 닥쳤을 때 내담자가 어떤 감정이 들 것 같고, 어떤 생각과 행동을 할지에 대해 생각해 보게 한다. 이를 위해 [그림 9-5]와 같은 자료를 사용할 수 있다.

둘째, 위험 상황을 그림이나 인형극, 역할 놀이를 통해 재현하고, 어떻게 대처할지 함께 연습해 본다. 이때 내담자가 공상이나 상상을 통해 대처하게 하기보다는(예: "그 아저씨를 세게 발로 차서 바다에 처박겠어요."), 현실적이고 구체적인 대처 방안을 찾도록 한다.

셋째, 대처 과정을 도형과 화살표를 통해 순차적으로 표현하도록 돕는다. 이 활동은 홉데이와 올이어(1999)가 만든 '위험탈출 대작전(escape route)'(pp. 97-100) 활동을 응용해서 만든 것이다. 원래의 '위험탈출 대작전'은 고착된 행동 패턴을 변화시키기 위해 자신의 행동 패턴을 순차적으로 확인하고 새로운 행동을 선택하도록 돕는 활동이었다. 여기서는 '위험탈출 대작전'의 외형을 빌리되, 내용은 위험 상황으로 벗어나기 위한 일련의 활동들을 적는 것으로 바꾸었다. [그림 9-6]은 한 아동이 치료 과정에서 작성한 것으로, 학대 행위자가 자신을 때리기 시작했을 때 취할 수 있는 일련의 방법들을 적었다. [그림 9-7]은 이를 다시 보기 쉽게 정리한 것이다.

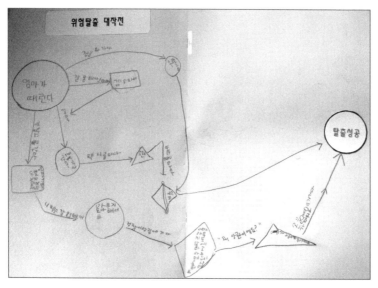

[그림 9-6] 위험탈출 대작전

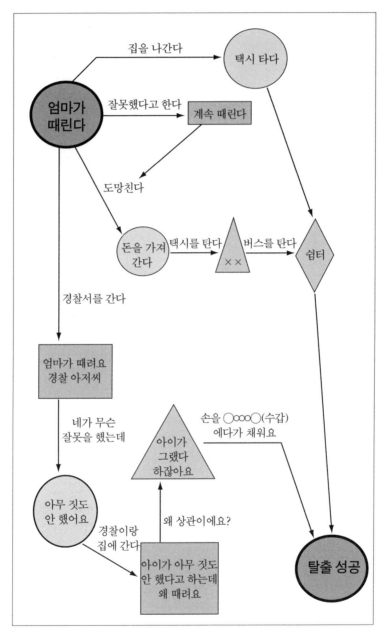

[그림 9-7] 보기 쉽게 그린 아동의 탈출도

제10장

치료 종결

1. 자기 수용하기 활동

2. 종결과 관련된 감정 표현하기

> "아저씨는 어느 누구도 갖지 못한 별들을 갖게 될 거야. 아저씨가 밤에 하늘을
> 바라볼 때면 내가 그 별들 중 하나에 살고 있을 테니까, 내가 그 별들 중 하나
> 에서 웃고 있을 테니까, 아저씨에겐 모든 별들이 다 웃고 있는 것처럼 보일 거
> 야. 그러니까 아저씬 웃을 줄 아는 별들을 갖게 되는 거야!" 그는 또 웃었다.
> "그리고 슬픔이 가시고 나면(슬픔이란 늘 가시게 마련이니까) 아저씬 나를 알
> 게 된 것을 기뻐하게 될 거야."
> – 생텍쥐페리(Saint-Exupéry, 1943/2007, p. 129)

길든 사람과 이별할 때 힘든 것은 매우 자연스러운 일이다. 그것
은 단순히 그 사람을 보지 않게 된다는 물리적 부재에서 멈추지 않
는다. 서로의 존재만으로도 마음이 푸근해지는 특별한 마음의 공
간을 상실하는 것이다. 그래서 소중한 사람과의 이별은 누구에게
나 아쉽고, 슬프며, 마음 아픈 사건일 수 있다.

하지만 이별은 동시에 마음을 성장시키는 기회가 될 수 있다. 이
별이 가져다준 빈 공간은 함께 빚어 왔던 관계를 정직하게 돌아볼
수 있게 도와준다. 그리고 헤어진 사람을 마음속에 내면화하는 과
정, 즉 친밀한 타인의 부재에서 오는 상실감을 따뜻한 마음의 추억
으로 바꾸는 작업은 친밀한 사람과의 이별을 통해서만 얻을 수 있
는 중요한 정서적인 성장 경험이다. 앞서 인용한 어린왕자의 이야
기처럼, 눈앞에 보이지는 않지만 어딘가에 살고 있을 타인의 존재
들을 마음속에 그리는 것은 삶의 지평을 넓혀 주고 내면 세계를 풍

요롭게 해 줄 수 있다.

치료 관계의 종결 역시 마찬가지다. 고통스럽고 혼란스러운 내면 세계를 함께 여행하고, 어려운 일도 기쁜 일도 함께 겪어 왔던 치료자와의 관계를 종결하는 것은 아동에게 있어 무척이나 아쉬운 경험이 될 수 있다. 특히 학대 피해 아동ㆍ청소년의 경우에는 치료자와의 관계 종결이 더욱 힘들고 어려운 시간이 될 수 있다. 치료자는 치료 종결과 관련된 아동ㆍ청소년의 복잡한 감정을 표현하도록 돕고 잘 수용해 주어야 한다.

치료 종결은 치료자의 치료 방식이나 아동ㆍ청소년의 상태에 맞게 다양한 방법들을 사용할 수 있다. 연상되는 것을 자유롭게 표현하게 하는 비구조화된 방식을 사용할 수도 있고, 보다 체계적이고 구조화된 종결 방식을 사용할 수도 있다.

비구조화된 방식으로 진행할 경우, 내담자는 자신만의 개성적인 방식으로 종결 회기를 꾸린다. 자신에게 주는 상장을 정성을 기울여 그리기도 하고, 치료자나 치료실을 상징하는 물건을 만들어서 가져가기도 한다. 어떤 경우에는 지금껏 치료에서 이야기하지 않았던 중요한 비밀을 마치 치료자에게 선물로 주듯이 마지막 순간에 이야기하는 경우도 있다. 프로이트(Freud, 1914/1996) 역시 비슷한 경험을 다음과 같이 이야기하고 있다.

분석치료를 마감할 때가 다가오면 그때까지 아주 조심스럽게 숨겨 놓았던 기억들이 새롭게 나타나는 일이 많이 있다. 아니면 다음과 같은 경우일 것이다. 환자는 어느 순간 불필요한 말을 하는 것처럼 무관심한 목소리로 그저 그런 것 같은 말 한마디를 던진다. 그리고 나서 다른 때에 무엇인가를 그 말에 더한다. 그때 의사는 귀를 쫑긋하기 시작한다. 그리고 드디어 의사는 이 얄보았던 기억 조각이 환자의 신경증이 감추고 있었던 중요한 비밀로 통하는 열쇠였음을 알아차리게 되는 것이다(p. 301).

[그림 10-1]은 저자에게 치료를 받은 아동 내담자가 종결 회기에 만든 모래상자 작품이다. 이 아동은 이 모래상자에 대해 다음과 같이 설명하였다. "한 아이가 무덤에 묻히는 장면이에요. 그 무덤 주위에는 악단과 춤추는 사람을 포함하여 여러 사람들이 왔어요. 장례식을 하면서 슬퍼하고 있어요. 그때 무덤 위로 한 사람이 올라가 노래를 부르기 시작했어요. 장례식인데, 이제는 축제로 바뀌었네

[그림 10-1] 부활을 축하하는 음악회

요, 다들 기뻐하고 있어요. 살아난 것 같아요." 이 아동은 외상에 따른 심리적 죽음과 그에 대한 애도의 삼성, 기쁨에 한 부활을 하나의 작품 속에 잘 통합하여 표현하였다.

죽음과 부활의 주제는 학대나 외상을 겪은 아동과의 종결 과정에서 잘 나타나는 내용이다. 저자에게 치료받았던 또 다른 한 아동은 치료 종결 후에 이루어진 자화상 그리기에서 자신을 '불사조'로 그렸다. 또 어떤 아동은 자신을 '죽었다가 다시 피어난 꽃'으로 표현하였다.

한편 구조화된 종결 방식을 사용할 경우, 그동안의 치료를 함께 돌아보거나 치료자와 내담자 간 편지 쓰기 같은 활동을 함으로써 치료 종결과 관련된 감정 표현을 촉진한다. 이 장에서는 구조화된 종결 활동으로 자기 수용하기와 종결과 관련된 감정 표현하기를 소개한다.

1. 자기 수용하기 활동

비레다(Bireda, 1990/2005, p.12)는 자신의 가치를 인정하는 과정을 ① 자신을 수용하기, ② 자신을 인정하기, ③ 자신을 향한 애정을 행동으로 옮기기로 나누었다. 여기서는 비레다의 1, 2단계를 응용하였고, 덧붙여 상담 과정을 끝까지 해낸 자신에 대해 자긍심을 가지도록 돕는 활동을 추가하였다. 활동의 순서는 다음과 같다.

1) 있는 그대로의 자신을 수용하기

자신의 결점이나 부족한 점을 나열해 보도록 한다. 아동이 원하는 경우, 그림으로 그려 볼 수도 있다(예: 코가 못생겼다고 생각하는 아동의 경우, 못생긴 코 모양을 그려 볼 수 있다.). 그런 다음 나열한 결점들을 노력하면 바꿀 수 있는 결점과 바꿀 수 없는 결점으로 나누어 본다. 노력을 통해 바꿀 수 있는 결점의 경우에는 어떤 노력이 필요할 것 같은지에 대해 함께 논의한다. 바꿀 수 없는 결점의 경우에는 다음과 같이 말해 보게 한다. "나의 _____을 받아들인다. 그

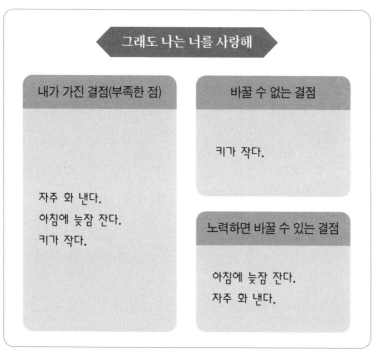

[그림 10-2] 자신의 결점을 확인하고 수용하기

런 모습 역시 나의 모습이다. 나는 나의 모든 부분을 사랑한다." 다음으로 풍선을 불어 거기에 고치고 싶은 결점을 적은 뒤, 풍선을 터뜨린다. 치료자 역시 이 활동을 아동과 함께 실시하면서 결점을 인정하고 수용하는 모습을 아동에게 본보기로 보여 줄 수 있다.

2) 독특한 자신을 인정하기

자신이 가진 독특하고 특별한 점들을 찾아보고, 개성적이고 특별한 존재로서 자신을 긍정하고 수용하는 방법을 배우도록 돕는다. 먼저, 종이를 두 장 준비해서 한 장에는 내담자가, 다른 한 장에는 치료자가 적는다. 각각의 종이에 자신의 장점이나 특별한 점들을 적어 보도록 한다. 아동의 나이가 어릴 경우, 추상적인 특성들을 생각해 내는 것을 어려워할 수 있으므로 자신이 가장 좋아하는 운동, 자신만 알고 있는 지식, 특별히 잘하는 게임, 자신이 가장 아끼는 장난감 등 구체적인 것들을 찾아보게 한다.

다 적고 나면 내담자와 치료자가 종이를 바꾸고, 상대방이 가지고 있는 특별하고 독특한 점을 종이 위에 적어 준다. 그런 다음 같이 종이를 보면서 적은 내용에 대해 이야기를 나눈다.

3) 열심히 상담에 참여한 스스로에게 자긍심 갖기

[그림 10-3]과 같은 표를 주어 각각에 대해 매우 그렇다고 생각하는 것 옆에는 별 모양 스티커 3개를, 보통은 별 2개를, 약간 부족하다고 느껴지는 부분에는 별 1개를 붙이도록 한다. 치료자는 아동의

반응을 토대로 상담에서 아동이 기울인 노력을 인정해 주고 칭찬해
준다.

그동안의 노력을 돌아보기

나는 상담을 빠지지 않았다.	
나는 말하기 어려운 일들을 용기를 내서 얘기했다.	
나는 옛날에 힘든 일을 겪었지만 잘 해냈다.	
옛날에는 힘들고 무서웠지만, 앞으로는 좋은 일이 더 많이 생길 것이다.	
나에게는 어려운 일이 생겨도 이겨낼 수 있는 힘이 있다.	

[그림 10-3] 상담에 기울인 자신의 노력 확인하기

2. 종결과 관련된 감정 표현하기

치료 종결 및 치료자와의 이별에 대한 감정을 표현하도록 돕는 활동은 다양한 방식으로 이루어질 수 있다. 서로 편지를 교환할 수도 있고, 이별에 대한 느낌을 그림이나 모래상자로 만들어 볼 수도 있다. 여기서는 치유와 이별의 의미를 잘 보여 주는 짤막한 애니메이션 작품을 함께 시청하고, 이에 대해 논의함으로써 종결을 둘러싼 감정을 표현하는 방법을 소개한다. 저자가 사용한 애니메이션은 〈소년과 흰 기러기〉(게일 토마스, 1995)다. 이 애니메이션의 내용은 다음과 같다.

아이들이 놀고 있는데 상처 입은 기러기 한 마리를 발견한다. 짓궂은 아이들이 그 기러기를 괴롭힌다. 그것을 본 한 아이가 그 기러기를 다른 아이들로부터 보호해 준다. 마침 비가 내리고 다른 아이들은 집으로 간다. 아이는 기러기를 창고로 데려가서 담요로 덮어 주고, 먹을 것을 주며, 약을 발라 준다. 기러기는 이 창고에서 쉬면서 점차 상처가 회복된다. 아이와 기러기는 친한 친구가 된다. 하지만 철이 바뀌고 다른 기러기 떼들이 날아가는 것을 보면서 상처가 나은 기러기는 잠시 망설이다가 동료 기러기들을 따라 간다. 아이는 서운해하며 기러기와 함께 하늘을 나는 꿈을 꾼다. 다음 해에 그 기러기는 다시 이곳으로 날아와 아이와 만난다. 그러나 이번에는 다른 친구 기러기들을 데려왔다. 아이에게도 다른 친구가 생겼다. 기러기와 아이는 서로를 안고는 헤어진다.

애니메이션을 함께 시청한 다음, 치료자는 아동과 함께 다음과 같은 주제로 이야기를 나누어 볼 수 있다.

- 날개를 다쳐서 혼자 남겨진 기러기는 기분이 어땠을까?
- 상처가 다 나은 뒤에 기러기는 아이와 함께 살지 않고 왜 떠났을까?
- 기러기를 떠나보낼 때 아이의 기분은 어땠을까?
- 아이가 떠나는 기러기를 붙들지 않고 보내 준 이유는 무엇일까?
- 기러기가 다시 돌아왔을 때 아이는 어떤 생각이 들었을까?

아동과 애니메이션에 대해 충분히 이야기하고 난 뒤, 치료자는 애니메이션의 의미에 대해 다음과 같이 아동에게 전달할 수 있다.

상처 입은 기러기처럼 너도 마음속에 많은 상처를 입었지. 우리는 함께 네 마음속의 상처가 나을 수 있도록 노력했어. 우리가 노력한 덕분에 네 마음 속 상처는 많이 나았단다. 이제는 너도 그 기러기처럼 날개를 활짝 펼치고 날아가야 할 시간이야. 때로는 선생님이 생각나고, 선생님과 함께 있던 시간을 그리워할지도 몰라. 아까 그 아이처럼 선생님도 우리의 시간들을 소중히 기억할게. 네가 필요하다면 언제든지 이곳으로 다시 와도 좋단다.

참고문헌

가와이하야오(1997). 아이들의 우주. (김유숙 역). 서울: 학지사. (원저는 1987
　　년 출간)

게일 토마스(1984). 소년과 흰 기러기 (애니메이션).

곽금주, 박혜원, 김청택(2001). 한국판 아동용 웩슬러 지능검사(Korean-
　　Wechsler Intelligence Scale for Children-III: K-WISC-III). 서울: 도서출
　　판 특수교육.

김갑숙(1993). 자녀학대가 아동의 공격성에 미치는 영향. 재활심리연구, 4,
　　85-100.

김소명(2001). 가정폭력이 집단 괴롭힘 행동에 미치는 영향. 중앙대학교
　　대학원 석사학위 논문.

김아다미(2001). 아동의 학대경험이 자아존중감과 스트레스 대처방식에
　　미치는 영향. 이화여자대학교 대학원 석사학위 논문.

김우창(2014). 깊은 마음의 생태학. 경기: 김영사.

김은정(2010). 성범죄 고위험 청소년과 부모를 위한 예방 프로그램 개발. 서울:
　　여성 · 아동폭력피해 중앙지원단.

김정옥, 류도희(1997). 부부폭력과 아동의 신체 · 정서적 폭력과의 관계.

대한가정학회지, 35, 205-220.

김태임(2007). 아동학대. 간호학탐구, 16, 51-77.

김현수(1997). 부모로부터의 학대 및 방임경험과 아동의 또래간 공격성 및 피공격성. 서울대학교 대학원 석사학위 논문.

박경숙, 윤점룡, 박효정, 박혜정, 권기욱(1986). KEDI-WISC. 서울: 한국교육개발원.

박경애(2013). 아동 및 청소년을 위한 인지행동치료. 서울: 학지사.

박성연, 노치연(1992). 가족폭력의 세대간 전이에 대한 연구: 부모의 폭력행동과 아동의 공격성 관계. 대한가정학회지, 30, 219-230.

생텍쥐페리(2007). 어린왕자.(김화영 역). 서울: 문학동네.

손소영, 김태경, 신의진(2007). 아동용 외상 관련 증상 평가척도의 효용성 –성폭력 피해 아동과 일반 아동의 비교. 소아청소년정신의학, 18, 49-57.

신민섭, 김미연, 김수경, 김주현, 김지영, 김해숙, 류명은, 온싱글(2005). 웩슬러 지능검사를 통한 아동 정신병리의 진단평가. 서울: 학지사.

신민섭, 김수경, 김용희, 김주현, 김향숙, 김진영, 류명은, 박혜근, 서승연, 이순희, 이혜란, 전선영, 한수정(2002). 그림을 통한 아동의 진단과 이해. 서울: 학지사.

신혜영(2003). 부모로부터의 학대경험과 공격성 및 대인불안간의 관계 –초등학교 고학년 아동을 중심으로. 서강대학교 교육대학원 석사학위 논문.

안동현(2002). 아동학대의 피해자 상담. 한국아동복지학회 제4회 워크샵. 청주: 한국아동복지학회.

안혜영, 김신정, 고주애(2002). 고 위험 집단의 아동학대에 관한 연구: 생활보호 대상자를 중심으로. 대한간호학회, 32, 775-783.

오경자, 하은혜, 이혜련, 홍강의(1997). K-CBCL 아동·청소년 행동평가척도. 서울: 중앙적성출판사.

유가효, 남정림(1995). 아동성학대의 실태와 관련변인–지방대도시 청년기 여성의 경험을 중심으로. 대한가정학회지, 33, 221-239.

윤혜신(2010). 귀신과 트라우마: 한국 고전 서사에 나타난 귀신 탐색. 서울: 지식의 날개.

이재연, 한지숙(2002). 아동과 부모·가족환경 특성에 따른 아동학대 실태 연구. 아동학회지, 24, 63-78.

이호철(2001). 학대받는 아이들. 파주: 보리출판사.

자벨 꼬떼, 다니엘 쇼르(1995). 후나스와 리사 (애니메이션).

지주예(2002). 아동학대 가해부모의 특성에 관한 연구. 이화여자대학교 대학원 석사학위 논문.

최윤라(1988). 학대받은 아동의 공격성과 감정 이입에 관한 연구. 숙명여자대학교 대학원 석사학위 논문.

최지영(2013). 성폭력 피해 아동의 귀인 및 지각이 우울, 불안, 외상 후 스트레스 증상에 미치는 영향. 인지행동치료, 13, 65-86.

하은경, 박천만(2002). 아동학대실태 및 관련요인. 대한보건협회학술지, 28, 351-362.

홍수진, 최상수, 홍성호, 조주연(1996). 아동학대현황과 관련요인. 가정의학회지, 17, 501-513.

Achenbach, T. M. (1991). *Integrative guide for the 1991 CBCL/4-18, YSR and TRF profiles.* Burlington: Department of Psychiatry, University of Vermont.

Ammermana, R. T., Kolkoc, D. J., Kiriscic, L., Blacksond, T. C., & Dawesf, M. A. (1999). Child abuse potential in parents with histories of substance use disorder. *Child Abuse & Neglect, 23*, 1225-1238.

Arborelius, L., Owens, M. J., Plotsky, P. M., & Nemeroff, C. B. (1999). The role of corticotropin-releasing factor in depression and anxiety disorders. *Journal of Endocrinology, 160*, 1-12.

Barnett, D., Vondra, J. I., & Shonk, S. (1996). Relations among self-perceptions, motivations and school functioning of low-income maltreated and nonmaltreated children. *Child Abuse & Neglect, 20*, 397-410.

Beck, A. T., Freeman, A., & Davis, D. D. (2008). 성격장애의 인지치료 [*Cognitive therapy of personality disorders*]. (민병배, 유성진 역). 서울: 학지사. (원저는 2004년 출간)

Beers, S. R., & Bellis, M. D. (2002). Neuropsychological function in children with maltreatment-related posttraumatic stress disorder. *American Journal of Psychiatry, 159,* 483-486.

Belsky, J. (1978). A theoretical analysis of child abuse remediation strategies. *Journal of Child Abuse and Neglect, 7,* 113-117.

Belsky, J. (1980). Child Maltreatment: an ecological integration. *American Psychologist, 35,* 320-335.

Bennie, E., & Sclar, A. (1969). The battered child syndrome. *American Journal of Psychiatry, 125,* 975-979.

Bireda, M. R. (2005). 사랑중독증[*Love addiction: A guide to emotional independence*]. (신민섭 역). 서울: 학지사. (원저는 1995년 출간)

Bolger, K. E., & Patterson, C. J. (2001). Pathways from child maltreatment to internalized problems: Perceptions of control as mediators and moderatos. *Development and Psychopathology, 13,* 913-940.

Boon, S., Steel, K., & Van der Hart, O. (2011). Coping with trauma-related dissociation. New York: Norton & Company.

Briere, J. (1996). *Trauma Symptom Checklist for Children professional manual.* Psychological assessment resources, Inc.

Brown, J., Cohen, P., Johnson, J. G., & Smailes, E. M. (1999). Childhood abuse and neglect: Specificity of effects on adolescent and young adult depression and suicidality. *Journal of the American Academy of child and Adolescent Psychiatry, 38,* 1490-1496.

Bruno, B. (1996). 옛이야기의 매력[*The uses of enchantment*]. (김옥순, 주옥 공역). 서울: 시공 주니어. (원저는 1975년 출간)

Buck, J. N. (1948). The H-T-P technique. A qualitative and quantitative scoring manual. *Journal of Clinical Psychology, 4*, 317.

Carrey, N. J., Butter, H. J., Persinger, M. A., & Bialek, R. J. (1995). Physiological and cognitive correlates of child abuse. *Journal of the Academy of Child and Adolescent Psychiatry, 34*, 1067-1075.

Ceci, S., Loftus, E., Leichtman, M., & Bruck, M. (1994). The role of source misattributions in the creation of false beliefs among preschoolers. *International Journal of Clinical and Experimental Hypnosis, 62*, 304-320.

Celano, M., Hazzard, A., Simmons, M., & Webb, C. (1996). Recovering from abuse project-program manual. Emory University School of Medicine. [unpublished manual].

Cohen, J. A., Deblinger, E., Mannarino, A. P., & Steer, R. A. (2004). A multisite, randomized controlled trial for children with sexual abuse-related PTSD symptoms. *Journal of American academy child adolescent psychiatry, 43*, 393-402.

Cohen, J. A., Mannarino, A. P., & Deblinger, E. (2006). *Treating trauma and traumatic grief in children and adolescents.* New York: The Guildford press.

Cohen, J. A., Mannarino, A. P., Berliner, L., & Deblinger, E. (2000). Trauma-focused cognitive behavioral therapy for children and adolescents: an empirical update. *Journal of Interpersonal Violence, 15*, 1202-1223.

Cohen, P., Brown, J., & Smailes, E. (2001). Child abuse and neglect and the development of mental disorders in the general population. *Development and Psychopathology, 13*, 981-999.

Compton, S. N., March, J. S., Brent, D., Albano, A. M., Weersing, V. R., & Curry, J. (2004). Cognitive-Behavioral Psychotherapy for

Anxiety and Depressive Disorders in Children and Adolescents: An Evidence-Based Medicine Review. *Journal of the American Academy of Child & Adolescent Psychiatry, 43*, 930-959.

Debling, E., Steer, R. A., & Lippman, J. (1999). Two-year follow-up study of cognitive behavioral therapy for sexually abused children suffering post-traumatic stress symptoms. *Child Abuse & Neglect, 23*, 1371-1378.

Deblinger, E., & Heflin, A. H. (1996). *Treating sexually abused children and their nonoffending parents: A cognitive-behavioral approach.* Thousand Oaks, CA: SAGE.

Deblinger, E., Lippmann, J., & Steer, R. A. (1996). Sexually abused children suffering post-traumatic stress symptoms: Initial treatment outcome findings. *Child Maltreatment, 1*, 310-321.

Deblinger, E., McLeer, S., Atkins, M. S., Ralphe, D., & Foa, E. (1989). Post-traumatic stress in sexually abused, physically abused and nonabused children. *Child Abuse & Neglect, 13*, 403-408.

Dewitt, K. N. (1990). Psychological interventions for responses to stressful life events. *California Psychologist, 22*, 4-8.

Dodge, K. A., Bates, J. E., & Pettit, G. S. (1990). Mechanisms in the cycle of violence. *Science, 250*, 1678-1683.

Eckenrode, J., Laird, M., & Doris, J. (1993). School performance and disciplinary problems among abused and neglected children. *Developmental Psychology, 29*, 53-62.

Erickson, M. F., Stroufe, L. A., & Pianta, R. (1989). The effects of maltreatment on the development of young children. In D. Cicchetti & V. Carlson (Eds.), *Child maltreatment: Theory and research on the causes and consequences of child abuse and neglect* (pp.647-684). New York: Cambridge University Press.

Faller, K. C. (2013). 성학대 피해아동 법정면담[*Interviewing children about sexual abuse controversies and best practice*]. (김현정, 신기역 역). 서울: 학지사. (원저는 2007년 출간)

Famularo, R., Fenton, T., Kinscherff, R., & Augustyn, M. (1996). Psychiatric comorbidity in childhood post traumatic stress disorder. *Child Abuse & Neglect, 20*, 953-961.

Famularo, R., Kinscherff, R., & Fenton, T. (1992). Psychiatric diagnoses of maltreated children: Preliminary findings. *Journal of the American Academy of Child and Adolescent Psychiatry, 31*, 863-867.

Farmer, R. F., & Chapman, A. L. (2013). 인지행동치료에서의 행동개입 [*Behavioral interventions in cognitive behavior therapy*]. (하은혜, 박중규, 송현주 공역). 서울: 학지사. (원저는 2008년 출간)

Feather, J. S., & Ronan, K. R. (2012). 아동의 외상과 학대에 대한 인지행동치료 단계적 접근[*Cognitive behavioral therapy for child trauma and abuse: a step-by-step approach*]. (신현균 역). 서울: 학지사. (원저는 2010년 출간)

Feshbach, N., & Feshbach, S. (1974). The relationship between empathy and aggression in two age groups. *Developmental Psychology, 7*, 306-313.

Finkelhor, D., & Browne, A. (1985). The traumatic impact of child sexual abuse: A conceptualization. *American Journal of Otrhopsychiatric, 55*(4), 530-541.

Fivush, R., Peterson, C., & Schwarzmueller, A. (2002). Questions and answers: The credibility of child witness in the context of specific questioning techniques. In M. Eisen, J. A. Quas, & G. S. Goodman (Eds.), *Memory and suggestibility in the forensic interview* (pp. 331-355). Mahwah, NJ: Lawrence Erlbaum.

Foa, E. B., Rothbaum, B. O., & Molnar, C. (1995). Cognitive

behavioral therapy of post-traumatic stress disorder. *Journal of Traumatic Stress, 8,* 675-690.

Foa, E. B., Rothbaum, B. O., Riggs, D. S., & Murdock, T. B. (1991). Treatment of posttraumatic stress disorder in rape victims: A comparison between cognitive-behavioral procedures and counseling. *Journal of Consulting and Clinical Psychology, 59,* 715-725.

Freud, G. (1996). 늑대인간. (김명희 역). 경기: 열린책들. (원저는 1914년 출간)

Freud, G. (2004). 정신분석학의 근본 개념. (윤희기, 박찬부 공역). 경기: 열린책들. (원저는 1912년 출간)

Gardner, R. A. (1971). *Therapeutic storytelling with children: The mutual storytelling technique.* New York: Jason Aronson.

Gil, D. (1970). *Violence against children: Physical child abuse in the United States.* England: Havard University Press.

Gil, E. (1991). *The healing power of play.* New York: The Guildford press.

Gil, E. (2006). *Helping abused and traumatized children.* New York: The Guilford Press.

Green, A. (1976). A psychodynamic approach to the study and treatment of child abusing parent. *Journal of Child Psychiatry, 15,* 414-429.

Griffin, M. G., Resick, P. A., & Mechanic, M. B. (1997). Objective assessment of peritraumatic dissociation: Psychophysiological indicators. *American Journal of Psychiatry, 154,* 1081-1088.

Gunnar, M. R., & Vazquez, D. (2006). Stress neurobiology and developmental psychopathology. In D. Cicchetti & D. J. Cohen (Eds.), Developmental Psychopathology. Volume 2. Develop mental Neuroscience (2nd ed., pp. 533-577). Hoboken, NJ: Wiley.

Herman, J. (2007). 트라우마: 가정폭력에서 정치적 테러까지[*Trauma and recovery: The aftermath of violence*]. (최현정 역). 서울: 플래닛. (원저는 1997년 출간)

Hobday, A., & Ollier, K. (1999). *Creative therapy with children & Adolescents*. Atascadero: Impact Publishers.

Hoffman-Plotkin, D., & Twentyman, C. T. (1984). A multimodal assessment of behavioral and cognitive deficits in abused and neglected preschoolers. *Child Development, 54*, 794–802.

Jaffee, S. R., Caspi, A., Moffitt, T. E., & Taylor, A. (2004). Physical maltreatment victim to antisocial child: Evidence of enviromentally mediated process. *Journal of Abnormal Psychology, 113*, 44–55.

James, B. (1989). *Treating Traumatized Children-New Insights and Creative interventions*. New York: Free Press.

Karp, C. L., & Butler, T. L. (2002). 학대받은 아동을 위한 치료전략 [*Treatment strategies for abused children from victim to survivor*]. (박인전, 도미향, 김현아, 석주영, 이진영, 노현미 역). 서울: 양지. (원저는 1996년 출간)

Kathleen, A., & Kendall-Tackett, K. A. (2000). Physiological Correlates of childhood abuse: Chronic hyperarousal in PTSD, Depression, And Irritable Bowel Syndrome. *Child abuse & Neglect, 24*, 99–810.

Kempe, C. (1973). A practical approach to the protection of the abused child and rehabilitation of the abusing parent. *Pediatricts, 51*, 804–809.

Kolko, D. J. (1996). Individual cognitive behavioral treatment and family therapy for physically abused children and their offending parents: A comparison of clinical outcomes. *Child Maltreatment, 1*, 322–342.

Korczak, J. (1998). 아이들을 변호하라.(송순재, 안미현 공역). 서울: 내일을 여는 책.

Kovacs, M., Beck, A. (1977). An empirical-clinical approach toward a definition of childhood depression. In J. Schulter-Brandt & A. Raskin (Eds.) *Depression in childhood: Diagnosis, treatment and conceptual models* (pp. 1-26). Washington, DC: Department of Health, Education and Welfare.

Kurtz, P. D., Gaudin, J. M., Wodarski, J. S., & Howing, P. T. (1993). Maltreatment and the school-aged child: School performance consequences. *Child Abuse & Neglect, 17,* 581-589.

Lamb, M., Orbach, Y., Hershkowitz, I., Esplin, P., & Horowitz, D. (2007). A structured forensic interview protocol improves the quality and informativeness of investigative interviews with children: A review of research using the NICHD Investigative Interview Protocol. *Child Abuse & Neglect, 31,* 1201-1231.

Lansford, J. E., Miller-Johnson, S., Berlin, L. J., Dodge, K. A., Bates, J. E., & Pettit, G. S. (2007). Early Physical abuse and later violent delinquency: A prospective longitudinal study. *Child Maltreatment, 12,* 233-245.

Le Guin, U. K. (2005). 로캐넌의 세계[*Rocannon's world*]. (이수현 역). 서울: 황금가지. (원저는 1996년 출간)

Lowenstein, L. (1999). *Creative Interventions For Troubled Children & Youth.* Canada: Champion press.

Ludäscher, P., Bohus, M., Lieb, K., Philipsen, A., Jochims, A., & Schmahl, C. (2007). Elevated pain thresholds correlate with dissociation and aversive arousal in patients with borderline personality disorder. *Psychiatry Research, 149,* 291-296.

Lyon, T. D. (2001). Speaking with children: Advice from investigative interviewers. In F. Talley & A. Urquiza (Eds.), *Handbook for the treatment of abused and neglected children* (pp. 65-81). Needham Heights, MA: Allyn & Bacon.

MacMillan, H. L., Fleming, J. E., Streiner, D. L., Lin, E., Boyle, M. H., Jamieson, E. E., Duku, E. K., Walsh, C. A., Wong, M. Y., & Beardslee, W. R. (2001). Childhood Abuse and Lifetime Psychopathology in a Community Sample. *American Journal of Psychiatry, 158*, 1878-1883.

Manly, J. T., Kim, J. E., Rogosch, F. A., & Cicchetti, D. (2001). Dimensions of child maltreatment and children's adjustment: Contributions of developmental timing and subtype. *Development and Psychopathology, 13*, 759-782.

Mannarino, A. P., Cohen, J. A., & Berman, S. R. (1994). The children's Attrubutions and Perceptions Scale: A New Measure of Sexual Abuse-Related Factors. *Journal of Clinical Child Psychology, 23*(2), 204-211.

Mark, I., Lovell, K., Noshirvani, H., Livanou, M., & Thrasher, S. (1998). Treatment of post-traumatic stress disorder by exposure and/or cognitive restructuring: A controlled study. *Archives of General Psychiatry, 55*, 317-325.

Marvasti, J. A. (1993). Play Therapy with an Abused Child. In T. Kottman & C. Schaefer (Eds.), *Play Therapy in Action: A Casebook for Practitioners*. Northvale, NJ: Jason Aronson INC.

McCrory, E., De Brito, S. A., & Viding, E. (2010). Research review: The neurobiology and genetics of maltreatment and adversity. *Journal of Child Psychology and Psychiatry, 51*, 1079-1095.

Mckinley, D. (1964). *Social class and family life*. New York: Free Press of Glencoe.

McWilliams, N. (2005). 정신분석적 사례이해[*Psychoanalytic case formulation*]. (권석만, 김윤희, 한수정, 김향숙, 김지영 역). 서울: 학지사. (원저는 1999년 출간)

Miller, A. (2006). 폭력의 기억, 사랑을 잃어버린 사람들[*Die revolte des*

körpers]. (신홍민 역). 서울: 양철북. (원저는 2004년 출간)

Mills, J. C., & Crowley, R. J. (1986). *Therapeutic metaphors for children and the child within.* New York: Brunner-Routledge.

Nijenhuis, E. R. S. (2000). Somatoform dissociation: Major symptoms of dissociative disorders. *Journal of Trauma & Dissociation, 1,* 7–32.

Noll, J. G., Trickett, P. K., Harris, W. W., & Putnam, F. W. (2009). The cumulative burden borne by offspring whose mothers were sexually abused as children: Descriptive results from a multigenerational study. *Journal of Interpersonal Violence, 24,* 424–449.

Perry, M. A., Doran, L. D., & Wells, E. (1983). Developmental and behavioral characteristics of the physically abused child. *Journal of Clinical Child Psychology, 12,* 320–324.

Pipe, M. E., Lamb, M. E., Orbach, Y., & Esplin, P. W. (2004). Recent research on children's testimony about experienced and witnessed events. *Developmental Review, 24,* 440–468.

Reder, P., & Duncan, S. (2001). Abusive relationships, care and control conflicts and insecure attachments. *Child Abuse Review, 10,* 411–427.

Reidy, T. J. (1977). The aggressive characteristics of abused and neglected children. *Journal of Clinical Psychology, 33,* 1140–1145.

Richert, K. A., Carrion, V. G., Karchemskiy, A., & Reiss, A. L. (2006). Regional differences of the prefrontal cortex in pediatric PTSD: An MRI study. *Depression and Anxiety, 23,* 17–25.

Rorschach, H. (1942). *Psychodiagnostic: A diagnostic test based on perception.* Bern: Hans Huber.

Stein, M. B., Koverola, C., Hanna, C., Torchia, M. G., & McClarty, B.

(1997). Hippocampal volume in women victimized by childhood sexual abuse. *Psychological Medicine, 27*, 951–959.

Swenson, C. C., & Brown, E. J. (1999). Cognitive behavioral group treatment for physically abused children. *Cognitive and Behavioral Practice, 6*, 212–220.

Teicher, M. H., Andersen, S. L., Polcari, A., Anderson, C. M., Navalta, C. P., & Kim, D. M. (2003). The neurobiological consequences of early stress and childhood maltreatment. *Neuroscience and Biobehavioral reviews, 27*, 33–44.

Thornberry, T. P., Henry, K. L., Ireland, T. O., & Smith, C. A. (2010). The causal impact of childhood-limited maltreatment and adolescent maltreatment on early adult adjustment. *Journal of Adolescent Health, 46*, 359–365.

U.S. Department of Health and Human Services (2011). Child Maltreatment [On-Line]. http://www.acf.hhs.gov/programs/cb /stats_research/index.htm#can

UNICEF. 쉽게 풀어쓴 아동권리협약 포스터: 어린이를 위한 약속 유엔아동권리협약 [On-Line]. http://www.unicef.or.kr/education/outline _01.asp

Van Goozen, S., H. Fairchild, G., Snoek, H., & Harold, G., T. (2007). The evidence for a neurobiological odel of childhood antisocial behavior. *Psychological Bulletin, 133*, 149–182.

Veltman, M. W. M., & Browne, K. D. (2001). Three decades of child maltreatment research: Implications for the school years. *Trauma, Violence, and Abuse, 2*, 215–239.

Weiner, I. B. (2005). 로르샤하 해석의 원리[*Principles of rorschach interpretation*]. (김영환, 김지혜, 홍상황 공역). 서울: 학지사. (원저는 2003년 출간)

Williams, M. B., & Poijula, S. (2009). 외상후 스트레스 장애 워크북[*PTSD*

Workbook]. (오수성, 신현균, 김상훈, 김정호, 최영미, 신경란, 정
명인, 김해진, 박성록, 이진 공역). 서울: 학지사. (원저는 2002년 출
간)

Winnicott, D. W. (2001). 박탈과 비행[*Deprivation and delinquency*].
(이재훈, 박경애, 고승자 공역). 서울: 한국심리치료연구소. (원저는
1984년 출간)

Winnicott, D. W. (2011). 소아의학을 거쳐 정신분석학으로[*Through
paediatrics to psycho-anlysis*]. (이재훈 역). 서울: 한국심리치료
연구소. (원저는 1931-1956년에 발표된 저자의 자료를 모은 것임)

Young, J. E., Klosko, J. S., & Weishaar, M. E. (2005). 심리도식치료
[*Schema therapy a practitioner's guide*]. (권석만, 김진숙, 서
수균, 주리애, 유성진, 이지영 공역). 서울: 학지사. (원저는 2003년
출간)

찾아보기

〈인명〉

〈내용〉

저자 소개

김성준(Kim Sungjun)
고려대학교 컴퓨터학과 학사
아주대학교 대학원 임상심리학 석사
아주대학교 대학원 임상심리학 박사과정 수료
서울대학교 정신건강의학과 임상심리수련과정 수료
메티스 신경정신과 임상심리사
임상심리전문가 및 2급 정신보건임상심리사
전 아주심리상담센터 전임상담원
현 충북해바라기센터(아동) 부소장

〈주요 역서〉
조금 다른 내 아이 특별하게 키우기(공역, 학지사, 2009), 우울증이 주는 선물
(공역, 시그마프레스, 2008)

김은정(Kim Eunjung)
서울대학교 대학원 임상심리학 석사
서울대학교 대학원 임상심리학 박사
서울대학교 정신건강의학과 임상심리수련과정 수료
삼성 사회정신건강연구소 선임연구원
임상심리전문가 및 1급 정신보건임상심리사
전 아주심리상담센터장
현 아주대학교 심리학과 교수
    아주대학교 학생상담센터장

〈주요 저서 및 역서〉
아동 · 청소년 로샤의 이론과 실제(공저, 학지사, 2007), 놀이치료 사례집(공
역, 학지사, 2006), 사회공포증(학지사, 2000), 특정공포증(학지사, 2000) 등

학대받은 아동 · 청소년을 위한 인지행동치료
Cognitive-behavioral treatment for abused children & adolescents

2015년 7월 10일 1판 1쇄 인쇄
2015년 7월 15일 1판 1쇄 발행

지은이 • 김성준 · 김은정
펴낸이 • 김진환
펴낸곳 • ㈜ **학지사**
　　　　121-838 서울특별시 마포구 양화로 15길 20 마인드월드빌딩
대표전화 • 02)330-5114　　　팩스 • 02)324-2345
등록번호 • 제313-2006-000265호

홈페이지 • http://www.hakjisa.co.kr
페이스북 • https://www.facebook.com/hakjisa

ISBN 978-89-997-0714-8 93180

정가 14,000원

인터넷 학술논문 원문 서비스 **뉴논문** www.newnonmun.com

이 도서의 국립중앙도서관 출판시도서목록(CIP)은 서지정보유통지
원시스템 홈페이지(http://seoji.nl.go.kr)와 국가자료공동목록시스템
(http://www.nl.go.kr/kolisnet)에서 이용하실 수 있습니다.
(CIP제어번호: CIP2015017541)